K.G. りぶれっと No. 38

スポーツの経営史
その多様なアプローチを目指して

市川文彦　脇村春夫　廣田　誠　田中　彰
澤野雅彦　岡部芳彦　田中理惠

関西学院大学出版会

は　じ　め　に

　経営史学会創立50周年の秋に刊行される、この小さな書物は、本書の編者役を務めた市川文彦を組織者とする〈スポーツの経営史への多様なアプローチ〉を論題とした、同学会・関西部会大会2010での問題提起、四つの報告、コメントを論文としてまとめたものに、さらにもう一つの論考を付け加えて収めている（2010年8月1日開催）。

　経営史研究においても、スポーツ・ビジネスや、企業経営とスポーツ活動との関係についての史的検討作業が、近年、始まっているが、この新分野は様々な課題設定やアプローチを為し得る可能性に富んだ領域である。そこで、初めて関西部会ではスポーツにかかわる経営史研究の豊かな可能性を探るべく、三つの視角を設定して部会大会を構成した。すなわちプロフェッショナル・チーム経営史、会社経営における企業スポーツ運営史、そしてスポーツ・ビジネス成立史であり、それぞれ当該のスポーツチーム、企業、産業に焦点を絞った事例研究である。

　昨今の内外での余暇人口、レジャー人口の拡張と共に、その有力な消費対象となるスポーツをビジネスとして捉え、その将来の方向性を考えるためにも、スポーツ・ビジネスの諸特性を形作ってきた成立史、変遷過程の確かな吟味が不可欠になる。本書は、そのための一つの試みである。

　また本書の主題を、より深く考えていくために、本書巻末にはスポーツ・ビジネスに関連する若干のデータのグラフを収録している。共著者の1人、田中理恵さんが作成したものである。

目次

はじめに　3

序章　〈スポーツの経営史への多様な
アプローチ〉を目指して 9
(市川　文彦)

本論集で設定した課題　10
〈問題提起〉のねらい

第1章　日本のプロ野球における3人の
「企業家個人オーナー」 13
田村駒治郎・高橋龍太郎・松田恒次
(脇村　春夫)

1　日本のプロ野球界の特色　14
　　「企業オーナーシップ」
2　日本の「企業家個人オーナー」たち　15
3　3人の「企業家オーナー」の日本プロ野球への功績　17
4　「企業家個人オーナー」たちにみる球界の今後　19

第2章　プロ野球への新規参入と企業経営 21
日本ハムの場合
(廣田　誠)

1　はじめに　22
2　球団の保有に至った経緯　22

3　球団の保有が経営にもたらした効果　23
　　　4　日本ハムの参入がプロ野球に及ぼした影響　25
　　　5　おわりに　27

第3章　プロ野球パシフィック・リーグにおける
　　　　協業戦略へのプロセス 31
　　　　　　　　　　　　　　　　　　　　　　　　（田中　彰）
　　　1　はじめに　32
　　　2　プロ野球の通史　33
　　　3　パリーグにおける球団経営改革　34
　　　4　パリーグ各球団のノウハウ公開と協業戦略　37
　　　5　議論とインプリケーション　39

第4章　企業スポーツの盛衰 45
　　　　　　　　　　　　　　　　　　　　　　　　（澤野　雅彦）
　　　1　はじめに　46
　　　2　「企業スポーツ」の成立　46
　　　3　第二次産業革命と「企業スポーツ」　48
　　　4　企業スポーツの発展と崩壊　50
　　　5　第三次産業革命と「企業スポーツ」　51
　　　6　おわりに　52
　　　　　　これからの企業とスポーツ

第5章 社内スポーツクラブの企業経営史 55
　　　　　近代フランスの事例
　　　　　　　　　　　　　　　　　　　　　　　　（市川　文彦）

　　1　はじめに　56
　　2　新たな〈職場〉像と社内スポーツ活動　56
　　　　　社会生活機会を巡る動機
　　3　社内スポーツの形成と制度化　59
　　　　　ルノーのクラブ
　　4　社内スポーツと企業経営史　60
　　5　結　語　63

第6章 スポーツ・ビジネスとしての馬産業 67
　　　　　日英比較
　　　　　　　　　　　　　　　　　　　　　　　　（岡部　芳彦）

　　1　問題の所在　68
　　2　イギリスの馬産業　69
　　3　日本の馬産業　72
　　4　比較分析と日本の馬産業の今後の可能性　74

付　録 79
　　　　　スポーツデータ・グラフ
　　　　　　　　　　　　　　　　　　　　　　　　（田中　理恵）

　　　　あとがき　85

イラスト：田中理恵

経営史学会
関西部会大会 2010 プログラム

2010年8月1日（日曜）　於：関西学院大学・梅田キャンパス

テーマ：〈スポーツの経営史への多様なアプローチ〉

司　　会：　　藤田誠久（龍谷大学）
　　　　　　　赤坂義浩（神戸学院大学）

問題提起：　　市川文彦（関西学院大学）

第1報告：
　「日本のプロ野球における企業家個人オーナー」
　　　　　　　　　　　　脇村春夫（元　大阪大・院）

第2報告：
　「プロ野球パシフィック・リーグにおける協業戦略へのプロセス」
　　　　　　　　　　　　田中　彰（神戸大・院／朝日放送）

第3報告：
　「企業スポーツの「いままで」と「これから」」
　　　　　　　　　　　　澤野雅彦（北海学園大学）

第4報告：
　「スポーツ・ビジネスとしての馬産業――日英比較」
　　　　　　　　　　　　岡部芳彦（神戸学院大学）

コメント：　　廣田　誠（大阪大学）

討　　論

序章

〈スポーツの経営史への多様なアプローチ〉を目指して

本論集で設定した課題
〈問題提起〉のねらい

　本書は経営史学会・関西部会大会2010（2010年8月1日開催、於：関西学院大学　梅田サテライト・キャンパス）において初めて特設したテーマ、〈ビジネスとしてのスポーツ〉に焦点をあてて、この検討対象へ様々な視角から接近して、経営史研究上の拡がりと可能性を提起しようとする各報告をまとめたものである。

　この部会大会で初めて取り上げた主題としての、〈スポーツの経営史〉は幾つもの課題設定と多様な研究アプローチから迫りうる新たな研究テーマとして位置付けられる。

　ここでは、次の三つのサブ・テーマを設けて吟味をおこなう。第一の論点としてスポーツ・ビジネスたるプロフェッショナル・チーム経営史に関する検討、第二の論点として企業が擁する社会人チームあるいは従業員スポーツクラブと当該企業経営との関係史の吟味を、日欧での〈企業スポーツ〉の展開という視座から試みる。そして第三の論点として、国際比較史の視角からプロ及びアマチュア競技者を包摂するスポーツ・ビジネスの成立過程と制度化の実態を、特定競技の事例に焦点を絞って検討する。

　第一の点は、戦後日本のプロ野球経営を取り上げることとし、第1章（脇村春夫論文）では（企業が親会社となって球団経営を為すのとは別種の）企業家個人が球団所有者となった〈企業家個人オーナー〉による1950-60年代の球団経営の事例を吟味する。このトピックは〈企業家個人オーナー〉による球団経営上の独立採算制への志向、またプロ・チーム運営への学生野球界からの精神面での諸影響、つながりも論点に含まれうる。

　続いて第2章（廣田誠論文）は、加工食品企業・日本ハムによる1970年代のプロ野球参入の事例を検討していく。ここでは、同社がプ

ロ球団保有を決断した動機、球団保有が同社へもたらした経営成果、そしてチーム・日ハムがプロ野球界へ及ぼした幾つかの影響を吟味していくことを課題とする。

さらに第3章（田中彰論文）では、近年、パシフィック・リーグで導入されたリーグ全球団から成る「パシフィックリーグマーケティング株式会社」をつうじた各球団の〈協業〉を新たな前提とするリーグ運営、球団経営という新ビジネス・モデル、戦略に注目して本ケースにおける複合競争分析を試みる。

さて第二の論点に関しては、第4章（澤野雅彦論文）によって20世紀初頭に労務管理策として成立した有力日本企業における〈企業スポーツ〉の実態と機能に関する変遷の歴史を検討していく。ここではプロ・チームとは別個に、〈企業スポーツ〉が競技者や競技団体を養成してきた機能、さらに、様々な役割を担ってきた〈企業スポーツ〉の変容状況を、産業構造、企業組織、雇用関係の諸変化の中に位置付けながら、我が国における企業とスポーツの関係史を考察していく。

さらに第5章（市川文彦論文）のテーマも、近現代企業経営における〈企業スポーツ〉の役割に国際比較史的観点から注目している。とりわけ欧州での社内「従業員スポーツクラブ」を採り上げて、その機能、その欧州内での多層性の吟味を通じて、労資双方の立場と企業スポーツとの関係性を考察する。従業員スポーツクラブの企業経営にとっての位置付け、同クラブを媒介とした企業と地域社会との関係を注視していく。

最後に、第三の論点を検討する第6章（岡部芳彦論文）はスポーツ・ビジネス、レジャー産業としての馬術競技、乗馬クラブ経営を含む馬産業（Horse Industry）成立史を対象とする。ここでは国際比較の観点から、日英両国における近現代馬産業の確立・展開過程で創出される両国の特質を、業界団体の形成、学生馬術、軍隊馬術との関係に注目しつつ吟味を重ねていく。

以上の三つの論点＝サブ・テーマの考察から、経営対象としてのス

ポーツ・ビジネスと社会におけるその展開史、また企業経営とスポーツとの関係史を、そして、それら検討課題への多様な接近法の可能性の拡がり具合を経営史的視角に拠りつつ、広く明らかにしていくこと、これを本部会大会での主眼としていた。本書は、それら考察を収めたものである。

　なお本書には、前掲の「部会大会2010プログラム」に示される4報告者の論稿の他に、コメンテーター・廣田誠氏の部会大会での論評を拡張した論考（第2章）、オルガナイザー・市川文彦の論考（第5章）をも新たに付け加えた構成になっている。

　また本部会大会終了をうけて、BHSJ（経営史学会）編、*Japanese Research in Business history*, Vol. 27 がスポーツ経営史の小特集を組み、近代日本の事例を検討した脇村報告、澤野報告の英文論稿（下記論文）を収め、2011年に刊行されていることを付け加えておく。

　　Haruo WAKIMURA: Three entrepreneur owners in Japanese professional baseball; Komajiro Tamura, Ryutaro Takahashi and Tsuneji Matsuda.
　　Masahiko SAWANO: The Rise and Fall of Corporate Sports Programs.

（市川　文彦）

第1章

日本のプロ野球における3人の「企業家個人オーナー」

田村駒治郎・高橋龍太郎・松田恒次

1 日本のプロ野球界の特色
「企業オーナーシップ」

　1936年（昭和11）に始まった日本のプロ野球は現在に至るまで、当初は新聞、電鉄、戦後は映画、食品、近年はIT等の企業がプロ野球球団を所有し、球団の親会社の社長がオーナーとなるスタイルが一般的である。

　では、各国のスポーツはどうだろうか。英国のサッカーやクリケットは、特権階級による公共クラブであるパブリックオーナーシップを元祖とする一方、米国では野球・バスケットボール・アメリカンフットボールの3大プロスポーツすべてが、特定の個人オーナー（共同オーナーもある）によって商業主義的に経営されている。また、中国のスポーツはナショナルオーナーシップとして国が資金的にバックアップを行っている。このように世界のオーナーシップは様々な形をとっているが、その中でプロ野球に限らずプロサッカーにも共通する「企業オーナーシップ」は日本独自のパターンだということが分かる。

　近年、激動のプロ野球を眺めていると、「日本のプロ野球の将来進むべき道」と「球団経営のあるべき姿」について真剣に考える時期にきたのではないかと感じている。その際、オーナーのあり方は非常に重要である。現在の「企業オーナーシップ」の形態では、野球をあまり知らない経営者が球団の「社長オーナー」になることもある。その場合、「社長オーナー」は球団を企業の宣伝広告の媒体とだけ考え、地域名よりも企業名を表に出すことを最優先する一方、球団の赤字補填は親会社の宣伝費として税法上認められてきたので、球団の経営（黒字化）に関心を示さず、ましてや球界全体の発展のことを考えない事態が懸念される。この点がアメリカ大リーガーの個人オーナーとは根本的に違いがある。では逆に個人として球団経営に尽力したオーナーは日本に存在しなかったのだろうか。

2 日本の「企業家個人オーナー」たち

　実は古くは戦前から戦後にかけて、日本でも個人オーナーが活躍した時がある。例えば、東京セネターズの有馬頼寧（よりやす）や太平洋クラブの中村長芳は、それぞれ貴族院議員と政治家としての顔を持ちながら球団経営にかかわったオーナーだった。また、戦後のプロ野球復興に尽力した阪急ブレーブスの小林一三、東急フライヤーズ大川博、大映スターズ永田雅一、更には、近年の巨人渡辺恒雄（ナベツネ）らは、「社長オーナー」でありながらも、球界にその名を轟かせるほど個人の色彩が強かった。最近では、オリックスの宮内氏、ソフトバンクの孫氏、楽天の三木谷氏などの手によってオーナー会議に新しい風が吹きこまれているという。

　このような個人オーナーの歴史の中でも、田村駒治郎、高橋龍太郎、松田恒次の3人は「企業家個人オーナー」として特筆すべき存在である。ここで言う「企業家個人オーナー」とは、企業のトップもしくは、社長経験者でありながら所属する会社とはまったく関係なく、個人名義で球団に100％所有の株主、または過半数以上の株主として出資し、個人資産を注ぎ込んで球団の運営費用を負担したオーナーをさす。そこで、以下彼らと野球のかかわりを振り返ることによって、今後のプロ野球界のあり方について考えてみたい。

田村駒治郎

　田村駒治郎は1904年（明治37）、大阪で生まれ、市立天王寺商業で野球をやる。1931年（昭和6）、生家の田村駒商店（洋反物商）を継いだ後、米国出張で知ったアメリカプロ野球球団オーナーの姿にあこがれ、1937年（昭和12）に個人資産を投入して国民新聞社が所有していた大東京を買収、ライオンと名付け、プロ野球史上初めての「企業家個人オーナー」になった。その後、衣笠球場を建設し、京都をフランチャイズとした。1950年（昭和25）パとセに2リーグ分裂後の最初の年にセ・

リーグで松竹ロビンス（松竹が資本参加）として初優勝を飾る（監督は小西得郎）。駒治郎は、その積極性と情熱的な姿勢から連盟では異端児とされ、特に駒治郎が標榜する各球団の勢力均衡でセ・リーグの発展を図る理念は、巨人中心主義の連盟鈴木専務理事とはそりが合わなかった。1952年（昭和27）に本業の経営危機で球団を手放す。1961年（昭和36）、心臓発作で57歳の若さで逝去。邸宅であり、かつてはチームの合宿所があった一楽荘で盛大な葬儀が行われた。1970年（昭和45）野球殿堂入り。

高橋龍太郎

　高橋龍太郎は1875年（明治8）、愛媛県喜多郡内子町に生まれる。松山中学から京都第三高等学校を経て大阪麦酒に入社。ビールの本場ミュンヘンにてビール醸造学を修めて帰国後、大阪麦酒吹田工場にてビールの国産化に成功。政財界でも活躍した龍太郎は、1954年（昭和29）、79歳の時に球界の実力者永田雅一の従来のパ・リーグ7球団から1球団増やして8球団制にするための強い勧誘と財界からの後押しで高橋ユニオンズを作りオーナーになった。球界史上2人めの「企業家個人オーナー」である。ちなみにパ・セ2リーグ分裂後、途中から新しい球団が出来たのは高橋ユニオンズが初めてである（2番目は近年の楽天）。高橋ユニオンズはわずか3年後、同じ永田のパ・リーグ6球団構想（大映と毎日の合併構想）で解散してしまうが、野球を好み、戦前イーグルスにも関係していた龍太郎は、オーナー時代、暇さえあれば川崎球場に姿を現すほど球団に愛着を持ち、選手に対しては公平に対処していたという。また、球団の独立採算制を提唱し、早稲田大学野球部長安部磯雄が唱える「品位、品格」を自軍の選手達にも持たせるようにした点で球界に大きな功績を残した。

松田恒次

　松田恒次は1905年（明治38）大阪に生まれる。1918年（大正7）左

足切断。1920 年（大正 9）大阪市立工業学校（現在の市立都島工業学校）卒業後、父松田重次郎（1875-1952）の経営する呉市の東洋コルクに入社。コルク以外に新たに機械製作を開始。その後会社名を松田製作所と改め、呉の海軍工廠に機械部品を納入する。1927 年（昭和 2）会社名を東洋工業とする。1929 年（昭和 4）オートバイ生産からオート三輪製造開始。1951 年（昭和 26）東洋工業の社長となる。日本初のロータリーエンジンの工業化に成功。松田恒次は、田村駒治郎、高橋龍太郎とはまったく異なる経緯、すなわち途中から「企業家個人オーナー」となった。そもそも広島球団は「市民球団」と称されるように市民や自治体、広島電鉄、中国新聞等の複数の企業の手によって昭和 25 年に誕生したセ・リーグの球団として発足した歴史を持つ。

　その後、経営危機によって出資企業間の統一性を欠くようになったとき、東洋工業（現マツダ）社長だった恒次は球団を一切を引き受ける形で、大半は恒次を含む松田家の個人出資で、1968 年（昭和 43）広島東洋カープのオーナーに就任した。生来の野球少年であった恒次が広島東洋カープの「企業家個人オーナー」へと突き進んだのは、「広島市民球団の火は消してはならない」との強い使命感であった。広島東洋カープは恒次がオーナーになった初年度（昭和 43 年）から黒字に転じ、その後 2 代目松田耕平、3 代目今の松田 元（はじめ）まで一度も赤字をだしたことがない。このように恒次は、3 人の「企業家個人オーナー」の中で唯一、独立採算制で黒字経営に成功したオーナーである。その功績は非常に大きい。

3　3 人の「企業家オーナー」の日本プロ野球への功績

　3 人のオーナーの日本のプロ野球への功績を以下 4 項目挙げる。今後のプロ野球を改革する際には参考にすべきである。

(1) 大リーグの球団経営に憧れる

3人とも大リーグの球団経営に憧れた。その意味では「企業家個人オーナー」として日本プロ野球に対する理想像を持っていた。田村駒治郎は、1949年（昭和24）野球協約の土台となる大リーグの「Blue Book」を持ち帰り、日本のプロ野球の野球協約の参考にした。高橋龍太郎は1937年（昭和12）渡米の際ニューヨークヤンキースのオーナーJacob Ruppertからアメリカ球団経営の独立採算制度を学んでいる。松田恒次にもアメルカ大リーグを手本にしなければならないとの気持ちが強かったのだろう。その証拠に2代目オーナー松田耕平は、大リーグを手本に球団改革を推進した。

(2) 独立採算制

球団経営は親会社に頼ることなく独立で採算性を上げ黒字を出さなければならない。球団としての赤字経営は許されない。これがアメリカ大リーグの個人オーナーの基本的球団経営方針である。日本でこれを強く唱えたのが高橋龍太郎と松田恒次であった。田村駒治郎は個人財産を犠牲にする気持ちがあったからか、独立採算制には言及していない。龍太郎は球団の赤字経営で財界から支援を仰いだから球団の独立採算制は確立出来なかった。恒次は独立採算制を徹底させ、見事にそれを成し遂げた。恒次はオーナーとなった初年度（昭和43年）に単年度で黒字にし、4年後の1971年（昭和46）に累積損失を一掃した。

(3) 人間教育の一環

高橋龍太郎と松田恒次は球団経営の方針として、選手の人間教育に重きをおいていた。すなわち、恒次は日頃から選手は「理性と教養を持った立派な社会人たれ」と選手を訓導していた。一方、龍太郎は早稲田の安部磯雄の陶酔を受けて、選手としての「品位、品格」をやかましく説いていた。

(4) 自前の選手を大事に育てる

　これは広島球団オーナー松田恒次の基本方針として始まり、現在まで続いている球団経営の理念で、他の球団とは違う大きな特徴となっている。それは高校出の選手を採って、2軍から時間をかけてじっくりと育て上げることである。従ってどこかの球団のように他の球団から大物選手を採ることはしない。だから選手は皆子飼いであり、家族主義的である。かくして、選手を育てて行くなかにオーナー（フロント）と選手（現場）の一体感が醸成されて行く。これは「個人オーナー」でなくては出来ないことである。

4　「企業家個人オーナー」たちにみる球界の今後

　3人の「企業家個人オーナー」たちは、それぞれオーナーとなった経緯や球団とのかかわり方で異なる特色を持つ。田村駒治郎は才気あふれる若き経営者として個人資産を球団経営につぎ込むワンマン経営だった。一方、高橋龍太郎や松田恒次はオーナーとなる際も、その後の球団経営でも周囲の意見を重んじる調整型タイプであった。また、駒治郎や龍太郎の場合は赤字経営で、しかも球場の地理的条件が悪かったが、恒次はオーナーとなった当初から地元の知名度は高く、その点が黒字経営にもつながっていた。

　このように3人の「企業家個人オーナー」は三者三様の球団経営だったが、企業家でありながら儲けや宣伝のためではなく、純粋に個人として野球を愛し、郷土を愛してオーナーとなり、独立採算制という球団経営で野球界に貢献した点では共通していた。また、龍太郎と恒次は選手の人間教育に重きをおき、龍太郎は選手の「品位」と「品格」をやかましく説き、恒次は「野球選手である前に、理性と教養を持つ立派な社会人たれ」を信念とし、自前でじっくり選手を育てることにこだわった。

　今日、プロ球界改革の中で、赤字になると親会社から補塡する現在の

システムから「独立採算制」へ向かう動きが注目されるようになってきている。独立採算制度を実行するためには球団経営が親会社から分離した独立経営でなければならない。更には最近では球団が地域社会と密着したものでなければならないとの動きも生まれてきている。今こそ、郷土を愛し、野球を愛し、選手の人間性を育てようとした「企業家個人オーナー」たちに目を向ける時期ではないだろうか。

(脇村　春夫)

参考文献

脇村春夫「日本のプロ野球における「企業家個人オーナー」――高橋龍太郎（1875～1967）とプロ野球球団経営」『企業家研究』第4号、2007年

脇村春夫「高校野球と教育――過去・現在・未来」『一橋ビジネスレビュー』56巻4号、2009年

Haruo WAKIMURA "Three entrepreneur owners in Japanese professional baseball Komajiro Tamura, Ryutaro Takahashi and Tsuneji Matsuda" *Japanese Research in Business History*, Vol. 27, 2010.

第 2 章

プロ野球への新規参入と企業経営

日本ハムの場合

1 はじめに

　戦後のわが国において国民的娯楽と位置付けられて来たプロ野球ではあるが、経営史の立場からみた場合、近年いくつかの注目すべき成果を生み出しているものの、他の研究分野と比較した場合、未だ研究成果の蓄積に乏しく、従って様々な視点からの更なる実証研究の積み重ねが必要な段階にあるといえよう。そこで本章では、わが国を代表する加工食品企業・日本ハムのプロ野球参入問題を検討し、それによって 1. 日本ハムが球団保有に踏み切った理由、2. 球団の保有がオーナー企業である日本ハムの経営にもたらした成果、3. 日本ハムの参入がわが国のプロ野球に及ぼした影響、をそれぞれ明らかにする。

　ファイターズのオーナー企業である日本ハムの略史は以下の通りである。同社は大社義規によって 1942 年徳島市に徳島食肉加工場として創業した。51 年には資本金 150 万円で株式会社に改組し、社名を徳島ハムとあらためた。56 年、大阪工場の第一期工事を完成させ関西市場でのシェアを大幅に拡大、さらに 63 年には茨城県下館市に大阪工場の 3 倍の規模を誇る茨城工場を開設し、首都圏への進出を本格化させた。

　1963 年、当時業界第 3 位であった徳島ハムは、せまり来る資本自由化への対応策の一環として業界第 4 位の鳥清ハム株式会社（和歌山）との合併に踏み切り、ここに日本ハム（ニッポンハム）株式会社が誕生した。さらに 69 年には世界最大級の食肉加工企業・スイフト社（米国）と提携し、資本自由化への備えをより強固なものとした。

2 球団の保有に至った経緯

　先に述べたように 1963 年、徳島ハムと鳥清ハムが合併して日本ハム株式会社が誕生したが、新ブランドの浸透は遅々として進まなかった。

そこで知名度の向上策としてバレーボールやゴルフなど様々なスポーツへの参入が検討された。その結果もっとも効果的なものとして残ったのがプロ野球への参入であった。当時日本ハムはナイター中継のスポンサーとして週4回のTV放映に年間2億円の広告費を費やしていた。これに対し球団を保有した場合には、年間2〜3億円の経費負担ではるかに大きな広告効果が期待できたのである[1]。

しかしいかに日本ハムがプロ野球への参入に意欲を示したとしても、球団数が12に限られている以上、売却の意向を示すチームがなければ、参入は現実のものとならない。同社の希望が現実のものとなったきっかけは、1973年7月21日、大社が大阪ロイヤルホテルにおける藍綬褒章受章祝賀パーティの席上で中西太[2]から球団経営の打診を受け、三原脩[3]に日拓ホームフライヤーズ・西村昭孝オーナーとの仲介を依頼したことであった[4]。この際大社と同郷の有力政治家・大平正芳[5]の口添えが、球団譲渡の成立に大いに威力を発揮したといわれる[6]。

3　球団の保有が経営にもたらした効果

1973年11月17日、日拓ホームより経営権の譲渡を受けて、新チーム・日本ハムファイターズが誕生した。第一次石油ショック後の、日本経済が極めて厳しい局面にある中、球団保有によって年間2億円ほどの経費増が予想された球団買収に対しては、銀行筋から「道楽が過ぎる」との強い批判があり、こうした見方を反映したものか、フライヤーズを引き受けた直後日本ハムの株価は10円下落したという[7]。しかし大社は、むしろ不況であるからこそ球団買収が可能になり、また意義も高まる、とそれらの反対を押し切り買収を決断したのである[8]。不況の時こそ大胆に投資を行うべきである、というのが大社の事業に対する信念であった[9]。その理由は、第一に経費が抑えられることであり、第二に不況期にたてた事業計画は概して非常に堅実なものとなるということで、特に第二の

要因を大社は重視していた。

　さてこのように難関を乗り越えて実現した球界への参入は、日本ハムの企業経営にどのような影響を及ぼしたのであろうか。以下にそれを見ていこう。球団保有がもたらした効果としてはまず、知名度の向上があげられる。球団買収の翌年にあたる1974年、専門調査機関に委嘱して日本ハム製品の主要な購買層である主婦を対象に東京・大阪・名古屋で試みたアンケートによれば、「日本ハムを知っている」のは主婦層の11％に過ぎなかった。ところがそれから5年後の79年に74年と同様の調査を行ったところ、「日本ハムを知っている」主婦の割合は30％と大幅にアップしていた。[10]また知名度向上の効果は購買層の拡大にとどまらず、新入社員の募集も容易となった。[11]ファイターズが初優勝を遂げた81年、観客動員の大幅増加にもかかわらず球団の赤字は年間約3億円に達していた。だがこれは、当時の日本ハムにおける年間広告宣伝費（約32億円）の1割程度に過ぎず、しかもこの赤字は損金として、法人税の控除対象とすることが出来た。[12]一方電通の試算によれば、この頃日本ハム球団の宣伝効果は年間23億円に達していた。[13]これらを総合して考えると、日本ハムにとって球団の保有は誠に効率的な広告宣伝の手段だったのである。

　球団保有がもたらした効果の第二は、企業の内外における一体感の醸成にあった。日本ハムの属する食肉加工業界では、メーカーと小売店を直結するルートセールスという特徴的な販売方式がとられていた。[14]球団買収は、このルートセールスを支える営業マンに、慰労のための娯楽と、取引先に対するセールストークの材料を与えたのである。[15]また81年の初優勝時に行なった「ご後援感謝セール」も、売上の増大に貢献した。[16]

　球団保有がもたらした効果の第三は、業績の向上である。まず売上高について買収の前後で比較すると、この間に大幅な伸びが見られた。すなわち球団買収前の1973年7月期決算における日本ハムの売上高は850億円であったが、これが買収翌年の74年には1091億円と1000億

円を超え、その結果日本ハムはプリマハムを抜いて業界第2位に浮上し、その後1970年代を通じ首位伊藤ハムに迫る勢いを示した[17]。そして1980年代には、伊藤ハムを抜いて売上高業界第1位となったのである[18]。また営業利益で見ても、球団買収後は目覚しく増加し、1976年以降は伊藤ハムを抜き業界1位に君臨した[19]。これら売上高や営業利益の伸びに加えて注目すべきは地域別売上高比率の変化である。球団買収前、日本ハムの売上高は、名古屋以西が6割を占めていた。しかし球団買収後、この比率は逆転し、東日本が6割を占めるようになった[20]。このように日本ハムの球団買収は、念願の東日本地区における市場開拓に大きく貢献したのである。

4　日本ハムの参入がプロ野球に及ぼした影響

(1) パ・リーグ消滅の危機を救う

　以上日本ハムの球界参入が、オーナー企業の経営にどのような影響を及ぼしたかを見てきたが、ここでは視点を変えて、日本ハムの球界参入が、わが国のプロ野球にどのような影響を及ぼしたかについて見ていくことにする。

　日本ハムの参入が球界に及ぼした影響の第一は、パ・リーグを消滅の危機から救い2リーグ制の存続に貢献したことである。日本ハムがプロ野球界に参入した当時、ファイターズの属するパ・リーグは「黒い霧事件」の余波で観客動員が大きく落ち込み、"V9"の黄金時代を謳歌するジャイアンツを中心とするセ・リーグには大きく差をつけられていた[21]。また1970年代初頭パ・リーグには6球団中映画企業をオーナー企業とする球団が2球団（東京〈オーナー企業は大映〉、東映）をしめていたが、当時映画産業はテレビの発展に押されて衰退が著しく、球団の赤字を支えることは困難になりつつあった。こうした理由によって1972年には球団の身売りが相次ぎ（西鉄→太平洋クラブ、東映→日拓ホーム）[22]、1リ

グ制への移行も検討されるなど、まさにパ・リーグは存亡の危機にあった。それゆえ日本ハムの参入は、同社の経営上有意義であったのみならず、パ・リーグを消滅の危機から救ったという意味で、わが国プロ野球の歴史において特筆すべき重要性を持つ出来事であったといえる。

(2) 球団経営の革新

　日本ハムの参入が球界に及ぼした影響の第二は、現場出身者を球団社長に起用するなど、革新的な球団経営を進めたことである。新生ファイターズの球団社長・代表・総監督には三原脩[23]が就任した。それまでプロ野球球団の社長・代表には、現場経験を持たない親会社の社員が就任するのが通例であった[24]ため、この人事は球界の新時代を開くものとして注目された[25]。さらに当時33歳で日本ハムの営業係長であった小嶋武士[26]を球団取締役に抜擢した。こうした新体制によってチームの改造を進めた[27]結果、発足直後こそ1973・74年とも前後期通算最下位と低迷を続けたものの、1976年大沢啓二が二代目の監督に就任して以降ファイターズの成績は着実に向上し、78年には初のAクラス入り（3位）を果たした。そして81年10月にはパ・リーグ初優勝を遂げた（翌82年も後期優勝）[28]。

　また人気の面でセ・リーグの後塵を拝していたパ・リーグにあって、日本ハムは独自の工夫をこらし観客の動員につとめた。ファンクラブ・少年ファイターズを組織して会員に内野席を開放するなど、長期的視点にたつファン開拓の様々な経営努力を積み重ねた結果、発足直後には50万人台にとどまっていたチーム観客動員は77年に100万人を突破、80年には151万人を達成した[29]。これは当時のパ・リーグでは西武ライオンズとならぶ高い数字で、また同時期のセ・リーグでも中位に属するものであった[30]。セ・リーグにおける読売ジャイアンツのような集客の目玉を欠くパ・リーグにおいてこれほどの観客動員を達成したことは、日本ハムの球団経営に注いだ努力が並々ならぬものであったことを物語っている。

さらに日本ハムは、米国大リーグの名門・ニューヨークヤンキースと業務提携を行った。その目的は、チームの発足当初観客動員と戦績が揃って不振であったため、メジャーリーグの球団と提携し、その豊富な球団経営のノウハウを吸収してこの苦境を打開することにあった。しかし名門ゆえに交渉は容易には進まず、NY三菱の顧問弁護士へヤンキースの顧問弁護士との橋渡しを依頼し[31]、大社が自ら渡米してスタインブレナーオーナーと直接会談した結果、ようやく提携が成立したのである。これにより日本ハムからは小嶋武士がヤンキースに経営留学し(1975-76年)、ファンサービスや選手の能力評価・査定など先進的なチーム運営の手法を学び、これをファイターズに導入した。先に述べた少年ファイターズも小島が留学した成果の一つであった。また1978年からは米国への選手派遣(野球留学)を実施した。マイナーリーグ選手のハングリー精神を学ばせることを目的としたこの派遣からは、ファイターズを担う多くのスタープレイヤー（田村藤夫、工藤幹夫、佐藤誠一、岩本勉、芝草宇宙、関根裕之、高橋信二など）が生まれた。[32]

5　おわりに

　ファイターズの歴史を、その前身であるフライヤーズの時代を含めてふり返ると[33]、まず戦後における最初のオーナー企業であった東京急行電鉄(東急)は、新聞社とならんで草創期以来わが国プロ野球におけるオーナー企業の中心をなした電鉄企業であった。1954年より同球団の経営は東急系の映画製作配給会社・東映に移った。映画産業も戦後の一時はプロ野球のオーナー企業として一定の地位を占めていた（松竹、大映もプロ球団を保有）が、その後テレビの普及にともない映画産業は苦境に陥った。そこで球団経営の譲渡先として浮上したのが列島改造ブームに乗って急成長した不動産企業、日拓ホームであった。しかし石油ショック後は不動産業界も苦境に陥り、日拓ホームは史上最短の1シーズンの

みで球団経営から撤退した。これを救う形で球界に参入したのが本章で考察の対象とした日本ハムであった。日本ハムの経営下、フライヤーズ改めファイターズは、発足当初こそ戦績・観客動員とも低迷したものの、球界の先例を打ち破る様々な試みを行い、チームを活性化させた。そしてチームの発展とともにオーナー企業・日本ハムの知名度は高まり、その結果日本ハムは合併の後遺症を克服して全国区の企業に飛躍し、ライバルの伊藤ハムやプリマハムを押えて業界を制することとなったのである。

しかしその後のファイターズは、1988年からわが国初のドーム球場・東京ドームを本拠地とすることで観客動員を一時的に伸ばしたものの、すでに企業イメージを確立した日本ハムにとって、知名度の向上のみを目的とする球団の保有は困難となり、経営方針を根本的に見直す必要に迫られた。その結果、2004年ファイターズは本拠地を北海道に移し、チーム名も北海道日本ハムファイターズと改め、地域密着型球団として再スタートした。当初は先行きが懸念されたこの移転も、周知のごとく見事な成功を収めた。このようなフライヤーズ→ファイターズの事例は、戦後のわが国におけるオーナー企業とプロ野球球団の関係のうつり変わりを、最もよく理解させてくれるものといえるだろう。

(廣田　誠)

〈注〉

1)　『経研香川』（香川県経済研究所）1983年、第14号、15-16頁。
2)　「怪童」と異名をとった西鉄ライオンズの名三塁手にして球界屈指のスラッガー。大社とは同郷で幼い頃から親交があった。ファイターズの初代監督に就任。
3)　讀賣、西鉄、大洋、近鉄、ヤクルトで指揮をとり、「智将」「魔術師」と綽名された名監督。西鉄ライオンズでは日本シリーズを3連覇して黄金時代を築き、また大洋では前年度の最下位チームを一躍日本一に導いた。中西の岳父で旧制高松中では大社の1年先輩。
4)　『経営者会報』1980年6月号、116-118頁。

5) 大平は大社の高松高商における 8 年先輩で、1952 年、大平が香川県からはじめて衆議院に出馬した頃より交友があった（『経営者会報』1979 年 8 月号、125 頁）。
6) 『大阪新聞』1979 年 7 月 25 日。
7) 『読売新聞』1973 年 11 月 11 日。
8) 『週刊東洋経済』1990 年 3 月 10 日、87 頁、『毎日新聞』2000 年 6 月 5 日。
9) 『週刊東洋経済』1990 年 3 月 10 日、87 頁。
10) 『大阪新聞』1979 年 7 月 28 日。
11) 『大阪新聞』1979 年 7 月 28 日。
12) 「昭和 29 年に国税庁から出された通達「職業野球団に対して支出した広告宣伝費などの取扱について」がある。プロ野球を国民的文化として育成するため、「親会社が球団に対して支出した金銭のうち、広告宣伝費の性質を有すると認められる部分の金額は損金に算入するもの」と規定したこの通達により、球団の赤字額は親会社からの「広告宣伝費」で補填することができ、かつ親会社はそれを損金として、法人税の控除対象とすることができるのである。」（安藤崇 http://cobs.jp/life/smb/bn/050614.html　2005 年 6 月 14 日における記述）。
13) 『週刊東洋経済』1981 年 11 月 21 日号、90 頁。
14) 熊沢孝 1985 年、74-75 頁。
15) 『日経ビジネス』1989 年 4 月 10 日号、熊沢孝 1985、162 頁。
16) 『週刊東洋経済』1981 年 11 月 21 日号、91 頁。
17) 『食品業界上位 20 社の経営比較』（資料産業界シリーズ会社全資料 3）、教育社、1980 年、76 頁。
18) 1980 年代初頭における伊藤ハムの売上高は 1983 年 2 月期で前年比 5.3％増の 2641 億円（佐原武 1983、107 頁）であったから、1982 年の売上高は約 2500 億円と推定される。これに対し 1982 年における日本ハムの売上高は 2774 億円であった（佐原武 1983、109 頁）。
19) 『食品業界上位 20 社の経営比較』210 頁。
20) 日本ハム株式会社社史編さん委員会　2002 年、85 頁。
21) 『朝日新聞』1972 年 11 月 13 日。
22) 『朝日新聞』1972 年 11 月 11 日。
23) 立石泰則 1999 年、489 頁。
24) 例えばタイガースの場合、1970 年代半ばまで球団社長に就任するのは阪神電鉄における部長クラスの社員であった（阪神電気鉄道 2005、438 頁）
25) 現場出身の三原が球団社長に就任した結果、選手との契約更改が従来よりも円滑に進むようになったという（『東京新聞』1973 年 12 月 15 日）。
26) 小嶋武士は大社と同郷の香川県高松市出身で、立教大学を卒業した後 1967 年日本ハムに入社した。75 年よりファイターズに出向し、同年、ニューヨークヤンキースへ経営留学した。その後球団の管理部長、代表を経て 97 年 3 月、

代表取締役球団社長（球団代表兼務）に就任した（泉直樹2004、75頁、『経営者会報』1980年8月号、118頁）。
27)　立石泰則1999年、488頁。
28)　泉直樹2004年、146-148頁。
29)　『大阪新聞』1979年7月26日、（『経営者会報』1980年7月号、114頁）。
30)　『ペナントレースを沸かせた100人の群像』別冊週刊ベースボール新春号1975-1983年版。
31)　当時三菱商事が日本ハムの筆頭株主であったことに関係があるものと思われる。三菱商事は日本ハム株式のうち1973年12.2％、78年8.0％を保有していた（第2位は73年旭化成10.6％、78年大社義規6.0％、『食品業界上位20社の経営比較』（資料産業界シリーズ会社全資料3）教育社、1980、164頁）。
32)　泉直樹2004年、68-71頁。
33)　以下フライヤーズ→ファイターズのオーナー企業の変遷については、http://ja.wikipedia.org/wiki/「北海道日本ハムファイターズ」の項を参照した。

参考文献

泉直樹『輝け！ファイターズ』北海道新聞社、2004年。
大社義規『私の履歴書』日本経済新聞社、1986年。
熊沢孝『食品』日経産業シリーズ、日本経済新聞社、1985年。
佐原武『比較　日本の会社　食品メーカー』実務教育出版、1983年。
立石泰則『魔術師——三原脩と西鉄ライオンズ』文芸春秋、1999年。
日本ハム株式会社社史編さん委員会『幸せな食創り　日本ハム60年史』
　　　2002年。
阪神電気鉄道株式会社『阪神電気鉄道百年史』2005年。

第3章
プロ野球パシフィック・リーグにおける協業戦略へのプロセス

1 はじめに

(1) 業界変化の兆し

わが国のスポーツビジネスにおいて、その中心的存在のプロ野球界に大きな変化の兆しが現れている。そのショッキングな事例とはスポーツ番組の代表格であり、長年にわたり民間放送各局が獲得に総力を挙げてきた「プロ野球日本シリーズ」の地上波テレビ放送権利が、2010年には複数売れ残ってしまったことである。かつて日本シリーズ中継では、1試合あたり推測で2億円程度の権利金等が動いたとも言われ、その権利金は各球団や日本プロ野球機構にとって大切な経営資源であり、売れ残りによる影響は非常に大きい。さらにプロ野球コンテンツはデータ的な面でも価値の低下が裏付けされている。ビデオリサーチ社の視聴率データ[2]を見ると、巨人戦視聴率の低下が著しい。2000年の開幕後1カ月間の関東平均視聴率は20.2％であったが、2009年には約10％へ激減しており、広告価値はわずか10年間に半分に落ち込んでいるのである。つまり民放ではスポンサー獲得が非常に厳しくなっており、今日のプロ野球中継は収支があわない赤字物件となっている模様である。

また業界シェアでも大きな変化が見られ始めている。2010年のペナントレース前半戦ではパリーグの観客動員が、セリーグに迫る勢いを見せるばかりでなく、ファンサービス充実度調査では12球団中で6位タイの7球団までにパリーグ全球団がランクインする結果が公表されるなど、最近は顧客獲得の面においてパリーグ各球団の飛躍が目立つのである。スポーツビジネス研究の各方面では、顧客の巨人離れ傾向や、スポーツファン全体が求める価値の多様化、ファンサービス多様化などの現象（小林2004、2009、竹森2002、田中2007）が取り上げられている。

(2) 本稿の狙いと視点

本稿は、「スポーツビジネス界において価値創発を継続するには、ど

うすれば良いか」という問いに対して、メディア産業に従事する筆者を通じたフィールドワークの視点でプロ野球ビジネスを捉える。以下では、顧客（ファン）と企業（球団）の中間に位置しながら両者の相互コミュニケーションに注目する事例研究を行う。そして特にパリーグで顕著な経営改革を取り上げ、それらの複合競争分析により、"市場における新価値の創発の仕組み"を明らかにすることで、日本のスポーツビジネスにおける持続的発展に必要な着目点の存在を提起したいと考える。そこにおいては、価値は技術と市場の狭間において生まれる（石原 1982、石井 1993、2010）という考え方にベースを置くこととする。

2 プロ野球の通史

　日本プロ野球のルーツは 1934 年の大日本東京野球倶楽部の誕生にさかのぼる。当時の親会社・読売新聞社は球団に、発行部数で遅れをとっていた朝日・毎日に対抗する販促手段、または独自記事ネタとしての存在を期待した。[4]このように親会社本業の補完的役割を果たした「読売モデル」は後に毎日、中日などのメディア企業の参画へ、また 1935 年発足の大阪タイガース（阪神）、鉄道業を親会社に持ち沿線開発とのシナジーを狙った参入へと至る。さらに後年、プロ野球ラジオ放送による広告価値を視野に入れた他業種の参入、またアメリカメジャーリーグにみられるような個人オーナーの存在も含めて日本プロ野球界は歴史を重ねる[5]（脇村 2007）。これら球団は親会社の補完ビジネスや広告塔であるという意識のもと、フランチャイズは大都市圏に設定され、親会社への貢献を考えたモデルとなる。

　この大都市圏での興業のもと、試合現場では盟主巨人を掲げる読売を、その他のアンチ巨人戦略を遂行する各球団が取り囲む図式も完成する。それを「プロ野球ビジネス・初期モデル」と呼ぶことができるだろう。[6]

3　パリーグにおける球団経営改革

(1) 球団経営における成功事例の誕生

　日本の高度成長期を経てバブル経済期に入っても、各球団は親会社の補完・広告搭と認識され続けた。その中で独自の球団経営改革へ、流れを掴みかけたのは1980年代の西武ライオンズと1990年代の福岡ダイエーホークスと言えそうだ。この2球団はフランチャイズ移転で「立地」を変え、その結果として地元地域と密接に向き合う「構え」を確立した。そしてその環境に最適と考えられる「顧客獲得戦略」を導入している。以下では西武・ダイエー2球団の改革概要を紹介する。

(2) 西武ライオンズのターゲット戦略

　全国規模の大量広告投下を行う読売モデルに対し、資金力の少ないパリーグ球団において注目すべきは、1979年に発足した西武ライオンズのターゲット特化した顧客獲得戦略である。球団マスコット「レオ」の

図1　当時の西武ライオンズ球団旗（中央のロゴを帽子にも採用した）
©SEIBU Lions

アニメロゴを使い、後に「団塊ジュニア」と称される子供層をターゲットに絞ったのである。

　具体的には子供に愛されるキャラクターを育成し、その象徴とも言える野球帽を特典にするプロモーションを行い、子供に魅力あるファンクラブを立ち上げ、グループの電車・バスの車体にも「レオ」をデザインする。さらに駅や関連の商業施設では球団歌を流して地元球団のイメージ定着を徹底する。つまり沿線開発の親会社本業と同時に、西武沿線の団塊ジュニアには球団が日常生活の一部となる戦略を遂行したのである。埼玉西武・荒原氏によれば、球界初とも言えるマーケティング戦略によってスタジアムは、子供を中心にしたビジネスの場となり、プロ野球の価値は「男同士の野球観戦」から「子供を巻き込んだ家族レジャー」へと昇華したという。

(3) 福岡ダイエーホークスのドメイン拡大戦略

　南海から球団を受け継いだダイエーが、1990年代に取り組んだ「プロ野球興行」から「エンタテイメントビジネス」という「ドメイン変更」も大きなポイントだ。

　西武から球界事情を熟知した人材を確保したダイエーは、西武の成功例に独自の流通ノウハウを巧みに融合させ、女性ファンの増加を試みた[7]。ホークス勝利の翌日にはダイエー店舗で特売を行い、売場ではホークス応援歌を流して球団の存在を主婦の日常に取り入れる。また地元と提携した販促もインパクトが大きかった。地元商店街にはチームロゴの無料使用を許諾し、親会社の競合でもある老舗・岩田屋での球団キャンペーン実施にも成功する。キャンプ地を高知から宮崎に移し、地元出身の選手を優先的にした補強を進めることで、球団は地元財産であるというブランドイメージを作り上げた。そういった中で福岡ドームを完成させると、プロ野球ビジネスを試合興業というビジネスモデルから、ドメインを拡大させてエンタテイメントビジネスとして認識するに至ったという。そして結果的に観客男女比が5：5と驚異的な割合で女性顧客を

集めることに成功する。

　さらに圧巻だったのは、バブル期に実施されたインフラ整備を球団経営に取り込む戦略である。つまり九州各方面からの高速道路交通網の整備を利用した応援バスツアーを立案し、福岡市内の美術館や大商業施設オープンを抱き込んだ「福岡総合レジャーツアー」にホークス観戦を組み込んでいく。バブル崩壊に伴い、レジャー産業は「安・近・短」とコンパクトになる中で、ホークスが独り勝ちを収めたのは言うまでもない。[8]

　ホークスの試みをまとめると、地元との関係性構築を重視したマーケティング戦略と、バブル崩壊直後の「意図せざる要因」を巧みに取り組んだ間接経営戦略が見られることが注目点といえようか。これらはマーケティング研究領域で指摘されている「日々あらたにつくられ、変化する戦いの場」(石井・栗木・嶋口・余田 2004)を創発することで、マーケティングマイオピアを克服し、競合との競争による新たな価値を生み出すビジネスモデルの再生循環なのである。[9]

(4) 残されたままの問題点

　しかしながら総論としては、21世紀に入ってもプロ野球ビジネス＝試合興行としか認識されない時代は続く。2004年・球界再編時の新聞各紙には「近隣の人気球団との競合に敗れ撤退」などの表現が目立つ。その背景にはロッテが西武モデルを意識して川崎から千葉・幕張に移転しても、近鉄が沿線ベッドタウンでプロモーション強化をしても、単に西武モデルを真似るだけでは成功出来なかった事実があるようだ。[10]

　また球団組織上の問題もある。元近鉄・A氏によれば、引退後の選手が新たな教育を受けることなく広報宣伝や営業職に従事し、親会社の出向者のみで経営管理を行い、スポーツビジネス専門の人材育成、人材流動性などが欠落した経営環境は問題であったとされる。また旧来の経営環境についてオリックス・三谷氏（現・北海道日本ハム）は、「当時の実態はフィーリングの経営、またはアートのような経営であり、論拠や科学的裏付けは存在しなかったと考えられる」と指摘する。

4　パリーグ各球団のノウハウ公開と協業戦略

(1) 2004年球界再編、球団経営の改革とノウハウ移転プロセス

　2004年の球界再編について、ここで稿を割くことは出来ないが、2004年には近鉄球団の消滅に伴い、さらにもう1球団を消滅させての全10球団による1リーグ化が議論され、プロ野球労使間の問題にも発展する事件が起きた。これを境にパリーグ各球団ではビジネス全体で競争構造変化を発生させる動きが始まる。ここでは各球団の改革概略とその他球団へのノウハウ移転を紹介しよう。

　まず2004年の千葉ロッテにはダイエーの人材が移籍し、また翌年には外資系での会社経営経験者が中途入社して球団改革を進める[11]。彼らは巨人などの他球団に直接的競争を挑まず、図2のように従来なかった「滞留時間」[12]という評価軸を発案し、顧客をスタジアムに長時間滞在をさせる付加価値追及に徹した。また「究極の競合は巨人ではなく近隣の東京ディズニーランド」と視野を広げ、顧客のリピート率上昇や、プロ野球をエンタテイメントと捉え新顧客獲得を目指す戦略で商機を充実させている。

　西武もダイエーや千葉ロッテの改革事例やJリーグを意識しながら、かつて自ら行ったターゲット特化を再稼動させて改革に着手する。それはファンクラブの充実を戦略資産とした、「親子で楽しめるエンタテイメント No. 1」を再び目指すマーケティング戦略といえる。そうした地

図2　滞留時間イメージ　　　　試合前の子供参加イベント

道な戦略を立案しながら呼称も「埼玉西武ライオンズ」と改め、日常性・地域性を重視しながら顧客接点の再強化を狙っている。

　一方でダイエーを引き継いだ福岡ソフトバンクは、従来のホークスモデルの強化を目指している。かつて九州という広域市場で巨人や西鉄のファンをホークスファンに転化させたノウハウを利用しながら、球団を九州全体の象徴として、地元の文化にまで認識させるCSR戦略[13]等も遂行している。

　オリックスはファンサービス手法を進んで他球団に公開した。元々は90年代前半に本拠地で行っていた独自イベントのノウハウを他球団に無償公開[14]すると、各球団によってアレンジされることで創発された新ノウハウを再導入するわけである。この新たな使用価値を持続的に創発する連鎖は、自身のもつ戦略資産価値をさらに再生産するアプローチでもあった。

　このような動きを後押ししたのは、日本ハムの札幌移転や楽天の新規参入であり、北海道日本ハムは新天地で数々の新規顧客獲得のプロモーションを試みた。また楽天は各球団へのヒアリングを実施したという。「我々は何も分かりません、球団を活気付ける方法を教えて下さい」といったIT企業のフットワークの良い発想は新鮮な刺激を業界に与えたのだった。三谷氏はこの動きこそがパリーグ改革の一要因と分析する。さらにその中で「パリーグという会社全体の発展を目指すが、各球団は各エリアの支店」という考え方に新たな価値の源泉があると続ける。

(2) パシフィックリーグマーケティング株式会社（PLM）の発足

　2007年5月にはさらに新展開が始まった。各球団の社長を役員とした共同出資の企業である「パシフィックリーグマーケティング株式会社」が発足する。これはリーグ全体での発展を狙うマーケティング共同体企業である。多くの一般企業ですでに見られた、社内システムや新卒採用などの管理領域に限定されたノウハウ共有だけでなく、新規顧客獲得ノウハウの共有にまで踏み込む会社設立にPLMの新しさと驚きがある。

新会社ではITサービスによって、テレビ番組とは異なるコンテンツビジネスの構築や、顧客の情報管理を6球団共同で行うCRMの開発など実施する。2008年には共同PRホームページを開設して、リーグ公式戦から日本シリーズ進出チーム決定までを一元管理してファンに提供している[15]。それは各球団の個別事業を、単一システムに統合することで6球団の情報収集が効率的になる、「規模の経済」メリットを追求しているのだ。

またPLM全6球団の協力体制をまとめ、有料課金による携帯動画配信を立ち上げ、新たなリーグ収益が期待できるビジネスモデルを構築した[16]。さらに2009年には球場内の看板スポンサー契約も、6球団で協力することで、過去にない大型契約に至った例もあり、その活路は大きくなるばかりである[17]。このようにパリーグ改革は、試合では真剣勝負を展開しながら、顧客獲得では情報公開・共有という「ノウハウ移転」理念で共闘し、さらに市場拡大を狙う「統合」の動きにつながった斬新な事例だといえる。

5　議論とインプリケーション

(1) 拡大・縮小の双方向への同時シフト、およびノウハウの移転と一般化

パリーグ経営改革では、自らのドメインを「興行」から「エンタテイメントビジネス」へ拡大したのと同時に、一見すると商圏の縮小にシフトした。大都市圏での全国投下広告モデルの競争ではじき出された球団が、地方に分散することで自然と商圏が棲み分けられた。その棲み分けが競合を対各球団とする視点からエンタテイメントビジネス全体を競合と考える「意図せざる化学変化」を発生させた。つまり競争が「立地」と「構え」を変化させ、その新たな環境に適した顧客獲得戦略を再構築するに至ったと考えられる。そこでは各成功事例を各球団に当てはめる多様性（成功事例を6球団が6通りにアレンジ）で新付加価値が創発さ

れ、各球団が商圏を絞った戦略を徹底したことが、地元顧客を完全に取り込む成功につながっている。読売モデルの全国投下広告で日本中に点在する「点」＝「ファン」を増やす戦略に対して、パリーグ各球団は地元の「面」をローラー作戦で顧客獲得し、それをリーグ全体で見れば全国の「点」が増えたと解釈しているように考えられるのである。

　球界再編期で見られた楽天の仙台フランチャイズ、日本ハムの札幌移転も上述の「双方向への同時シフト」を検討すれば、その思惑に納得が出来る。大都市圏に比べ小さな商圏であっても「面」全体を獲得すればビジネスは成立するという前提に立っているのである。顧客の生活に密着した球団は一層強い帰属意識を生じさせ、この帰属意識の高い球団同士の対戦は、かけがえのない存在同士の戦いとなり、顧客の興味を一層高める循環となるのである。

(2) パシフィック・リーグはビジネスモデル試行錯誤の場

　各球団経営の改革は、その試行錯誤が「日々つくられる、新たな戦いの場」を作り、図3のようにビジネス上の構造変化を刺激する。

　かつて西武で始まった経営改革が他球団に移転、さらに他球団で一般

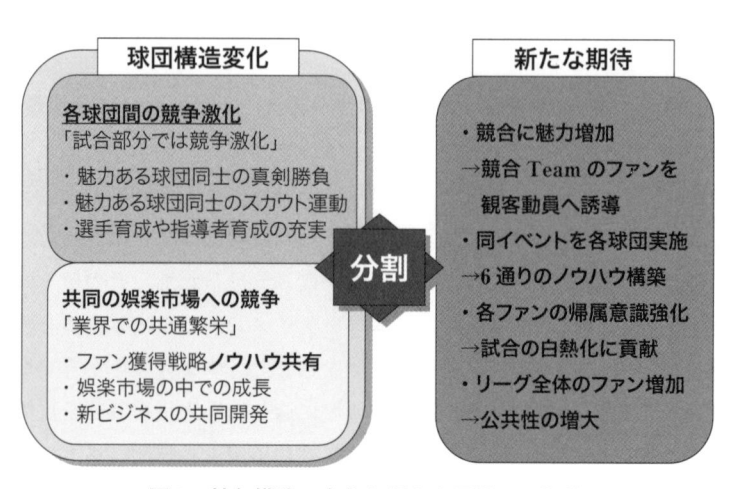

球団構造変化

各球団間の競争激化
「試合部分では競争激化」
・魅力ある球団同士の真剣勝負
・魅力ある球団同士のスカウト運動
・選手育成や指導者育成の充実

共同の娯楽市場への競争
「業界での共通繁栄」
・ファン獲得戦略**ノウハウ共有**
・娯楽市場の中での成長
・新ビジネスの共同開発

分割

新たな期待

・競合に魅力増加
→競合Teamのファンを観客動員へ誘導
・同イベントを各球団実施
→6通りのノウハウ構築
・各ファンの帰属意識強化
→試合の白熱化に貢献
・リーグ全体のファン増加
→公共性の増大

図3　競争構造の変化と新たな展開への期待

化、最終的にはノウハウの統合というコンソーシアムへと変遷したプロセスは、各球団単独の繁栄戦略だけでなく、リーグ全体の繁栄を考えることで最終的に各球団の繁栄へ循環する図式となる。本稿では以上のように、プロ野球パリーグの球団経営改革、そのノウハウ移転、その知識・情報の統合のプロセスを検討してきた。このパリーグ事例による示唆は非常に意義があり、日本のスポーツビジネスの全体の成長に有益であると信じて本稿を終ることにする。

　付記：いま政府の経済施策において「プロ野球」が注目される。2014年5月、日本経済再生本部「経済活性化につなげるプロ野球の活用」の議論では、球団数を12から16へ拡大することで地域経済力の押し上げ効果を期待。日本活性化の原動力としてプロ野球が機能する日が近いかもしれない（2014年5月20日ロイター通信記事、等）。

（田中　彰）

〈注〉

1)　2010年プロ野球日本シリーズでは、第1・2・5戦が地上波全国ネットで放送されなかった。またプロ野球業界でシェアNo.1である阪神タイガースでさえも第2戦の地上波放送権利を契約することは出来なかったことから、広告業界・テレビ業界に衝撃が走るシーズンとなった。
2)　最近10年間の開幕後1カ月の視聴率は半減だが、8月の平均視聴率では2000年の17.4%から2006年には6.6%と6割以上も落ち込んだ実績もある。
3)　2010年のセパ交流戦の1試合あたり入場者では、セリーグ主催試合が2万8528人（前年比＋1.9%）パリーグ主催試合が2万6126人（前年比＋8.2%）と、ほぼ同数の観客動員となっている。パリーグの本拠地6球場のキャパシティ合計がセリーグの球場よりも少ないことを考えるとパリーグの健闘が良く分かる。「朝日新聞」2010年6月15日　朝刊25面。
4)　読売新聞120年史によれば当時の朝日・毎日の50万部に対して、読売は22万部と半分に満たない発行部数であり、朝日の中等野球（現在の全国高校野球選手権）や毎日の都市対抗野球に匹敵するコンテンツツールを保有していな

かった。この職業野球誕生により、アメリカメジャーリーグ親善試合、プロ野球の興業といったニュースソースを利用しながら発行部数を延ばす。
5) メディア系の親会社としては毎日、産経、新愛知、名古屋、国民新聞社など。鉄道系では阪神、阪急、西鉄、国鉄、南海、近鉄、西武など。またのちの新規参入会社には水産加工品メーカー、映画会社、鉛筆メーカーなどがある。
6) プロ野球の通史をまとめた文献としては、橘川・奈良(2009)を参照されたい。
7) ダイエーは中内功オーナーが西武で監督経験のある根本陸夫氏を獲得、食肉部門で活躍していた瀬戸山隆三を球団幹部への教育を進め、改革を断行する。瀬戸山は後に球団代表まで務める。
8) リクルート出身の高塚猛の実績には秀でたものがある。盛岡のホテル再建の手腕を買われて1999年にダイエーにスカウトされると、福岡ドーム、ホテル、球団の三つを巧みにコラボさせた商品を開発する。
9) 間接経営戦略については、沼上(2000)を参考にされたい。
10) 2004年6月13日「日本経済新聞」1面、「朝日新聞」「毎日新聞」夕刊。
11) ダイエーで球団代表を務めた瀬戸山隆三、ドイツ系企業で経営者を務め、経営学修士の学位を持つ荒木重雄が営業本部長に就任するなど、外部人材の積極登用を行った。また球場の指定管理者制度を使い、球場での売上増加を球団利益に結びつける画期的な成功を収めた。
12) 試合前の子供参加型イベント、試合後の親子参加イベントを多数立案し、試合の行われる4時間前後だけでない長時間滞在を誘導した。結果的に13時開始の試合では昼食や夕食の売上が急激に伸びることになった。
13) 福岡の伝統的な祭り「山笠」の保護や、地元女子高生の企画を地元テレビと共催するなど地域密着の戦略が多くみられる。
14) 夏休みに開催されるイベント「花火ナイター」や「浴衣デー」は各球団に移転され、また各球団の創意工夫によりブラッシュアップされていく。
15) http://climax-pa.jp/ パシフィックリーグクライマックスシリーズ公式ページ。
16) PLMの代表取締役を務める北海道日本ハムファイターズの藤井純一球団社長(当時)は「米国でのリーグビジネスの成功事例を参照しつつ、日本を代表するIT企業を親会社に持つ球団があるパリーグの特色を融合させた展開」とコメントしている(MSN産経ニュース 2008年1月24日)。
17) ノウハウ公開の効果については水野・小川(2004)を参考にされたい。水野・小川はノウハウ公開によって「価格交渉力」「資源吸引力」「専門機器開発」についてプラスの効果を指摘している。これによれば球場内看板の大型契約の交渉力、テレビ局を介在しないコンテンツを自ら開発する力の保持が説明できる。つまり球団自体がメディア企業の一面を保有している。

参考文献

朝日放送株式会社『朝日放送の50年史』2001年。
石井淳蔵・栗木契・嶋口充輝・余田拓郎『ゼミナールマーケティング入門』日本経済新聞社、2004年。
石井淳蔵『マーケティングの神話』日本経済新聞社、1993年。
─────「市場で創発する価値のマネジメント」『一橋ビジネスレビュー』2010SPR所収、東洋経済新聞社、2010年。
石原武政『マーケティング競争の構造』千倉書房、1982年。
橘川武郎・奈良堂史『ファンから見たプロ野球の歴史』日本経済新聞社、2009年。
栗木契『リフレクティブ・フロー──マーケティングコミュニケーション理論の新しい可能性』白桃書房、2003年。
小林至『プロ野球ビジネスの仕組み』宝島社新書、2002年。
─────『合併、売却、新規参入。たかが…されどプロ野球』宝島社、2004年。
─────「産業としての日本のプロ野球マネジメント」『一橋ビジネスレビュー』第56巻第4号、東洋経済新聞社、2009年。
竹森健太郎『プロジェクトH「福岡3点セット」の構造改革』朝日新聞社、2002年。
田中彰「プロスポーツビジネスにおける競争的使用価値の考察」神戸大学ワーキングペーパー2008-5所収、2007年。
沼上幹『行為の経営学──経営学における意図せざる結果の探究』白桃書房、2000年。
─────『経営戦略の思考法』日本経済新聞社、2009年。
ベースボールマガジン『パ・リーグ60年　魂の物語』2009年11月号、ベースボールマガジン社、2009年。
水野学・小川進「同業他社へのノウハウ公開の効果」『組織科学』vol. 38 No. 1、pp. 66-78、2004年。
山田英夫『逆転の競争戦略（第3版）』生産性出版、2007年。
脇村春夫「日本のプロ野球における企業家個人オーナー」『企業家研究』第4号、pp. 56-64、2007年。

【インタビューリスト】インタビュー時期　2006年7月～2010年2月

千葉ロッテマリーンズ　　瀬戸山隆三球団社長
埼玉西武ライオンズ　　　荒原正明営業部長（当時）
ソフトバンクホークス　　小林至取締役
オリックスバファローズ　三谷仁志氏（当時）
パシフィックリーグマーケティング（株）
　　　　　　　　　　　　荒木重雄取締役（当時）、森本譲二氏（当時）

第**4**章

企業スポーツの盛衰

1 はじめに

　スポーツは企業に支えられてきた。いや、今でも支えられていると人はいうかも知れない。しかし、いま企業が支えているのは、人気選手であり、広告塔としてのスポーツチームなのである。決して、スポーツそのものではない。

　では、どこが違うのか？　以前は、選手を雇用し、チームを作り、アリーナ（競技場・体育館）を準備して、会社ぐるみで応援した。選手は、正社員だから（フルタイムではないにせよ）働かなければならなかったが、そのかわり引退後も雇用が維持され、安心してスポーツに打ち込むことができた。ところが、近年、このような仕組みが急速に崩壊し、野球やサッカーなどのプロチームがある競技を除いて、高校や大学の卒業後の受け皿がなくなってきている。

　確かに、人気スポーツ選手になれれば、マスコミで取り上げられ、スポンサーもつく。しかし、無名の選手は、どんなに有望でも練習環境にも事欠き、海外遠征なども困難になる。その結果、日本代表チームでさえ、スポンサーなしではオリンピック出場を辞退しなければならない、という状況を招来している。

　かつて、日本のスポーツを支えた仕組み、「企業スポーツ」は、どのように成立し、何故崩壊しつつあるのかを、明らかにするのが本小稿の課題である。

2　「企業スポーツ」の成立[1]

　日本の「企業スポーツ」は、労務管理として発展するが、おおまかにいって二つの起源がある。筆者が、「福利厚生型」「教育訓練型」と呼んでいるものである。前者は、例えば八幡製鐵所（現在の新日鐵）に見ら

れるように、主に男子の野球やラグビーチームの成立と関係する。

　八幡製鐵所は、1901年（明治34）重工業の旗手として官営で設立される。野球部の創設は1924年（大正13）であるが、これは、工場労働者の娯楽となりはじめた野球が、ストライキが繰り返されていた状況で、労使協調の象徴になり得るとして結成されたものである。まず、労働者の福利厚生に役立ち、さらに、企業を代表するスポーツチームが、対外試合を行い、これを会社ぐるみで応援することで、企業の凝集性を高め、労働規律を確立して労働災害や事故を減らし、勤労意欲を高める効果が認められた。やがて、全国の企業や工場に「企業スポーツ」チームができるのである。

　後者の典型は、紡績工場のバレーボールである。紡績工場では、地方から若い女性を集めて操業していた。地方では義務教育も普及していなかったので、字も読めない労働者に、過酷な労働を強いていたのであるが、明治の終わりころに工場内補習学校が普及する。すると、よく勉強する子は仕事も良くできることが分かり、日露戦争後、急速に発展して増加した新設の紡績工場からの引き抜きに備えて整備される。

　さらに、義務教育が普及して、学力レベルも上昇すると、補習教育に加えて技芸教育が開始される。技芸教育とは、お茶・お花・謡曲・編物など要は花嫁修業であるが、のちには、地方農村出身の女性に対して会社の責任で結婚の世話までするというようなパターンまで慣習化する。

　当時の国家のスローガンは、「富国強兵」であったから、兵の数を増やすため「母性保護」は、国策となり、紡績工場の労働環境や長時間労働は、男子の場合以上に問題視された。1916年に工場法が施行されると、若年者や女子の労働時間が短縮され、企業内教育はますます重要となり、やがて、健康な余暇の過ごし方も指導対象になる。そこで、体育・レクリエーション教育の一環として、当時YMCAが日本にも紹介していたバレーボールなどが取り入れられることになる。

　このようにして、紡績工場とバレーボールは戦前の早い段階から結びつきを強め、戦後は、各紡績企業チームがバレーボールで競争するよう

になった。日紡貝塚（現ユニチカ）チームによる東京オリンピック優勝は、ある意味、当然の帰結と見ることもできる。

3 　第二次産業革命と「企業スポーツ」

　産業革命は、イギリスで起こるが、19世紀末になると、科学技術の発展や巨大油田の発見などにより、第二次産業革命と呼ばれる変化が起こり始める。肥料でも染料でも、それ以前は天然物が用いられたが、順次石油などを利用した化学的合成法が開発され、工場で大量に生産されるようになる。さらに、20世紀に入ると、レーヨンやナイロンなど、合成繊維も開発され、生産量の拡大と低廉化が始まる。また、天然物の収穫は、季節が決まっており、その加工は季節的であったが、工場では通年生産が可能となる。

　このような変化は、金属・機械組立加工業にも追随される。例えば、自動車は注文を受けて手仕事で1台ずつ生産されていたところへ、ヘンリー・フォードが、ベルトコンベアによる流れ作業方式を導入し、大量生産を実現するのである。これは、部品や作業を標準化して、実現したものだが、仕事を平準化することにも成功した。平準化すれば、「直接雇用」が一般化し、労働者の仕事の仕方が変わる。

　例えば、コンサートホールで時々コンサートがある時、その要員は、アルバイトを雇う（間接雇用）。ところが、毎日コンサートがあれば、ホールが自前で雇用する方が合理的である。なぜなら、仕事の手順をいちいち説明し段取りする手間が省けるからである。さらに、同じメンバーで一緒に仕事をしていくうちに、より効率的な方法を開発することもある。

　工場は、19世紀末から20世紀初頭にかけて、それまでの「間接雇用」（請負・派遣など）が、「直接雇用」（正社員）に転換する。技能を持った職人（親方）を中心に、下働きの作業者が補助して作業が行われてい

たものを（徒弟制）、技師・管理者が工場を設計して、労働者を統一的に管理するように変えたのである。

さて、工業化が進展し、なおかつ「間接雇用」が一般的であれば、当然労働は過酷になる。親方や手配師（人材派遣業者）は、中間マージンを得るから、賃金も安くなる。日本の場合、明治も終盤になると、このような状況に対する社会的批判が巻き起こり、労働組合が結成されるのである。

「直接雇用」は、このような状況への対処法として成立する。正社員ならば、家族と同じである。縁あって企業に就職したのだから、親たる社長は、子供たち（労働者）の健康など生活一般にも留意せねばならず、一人前に教育する責任を負う。子供たちが野球をしたいというならば、これも援助しなければならないという思考が、企業内福利厚生・企業内教育訓練、さらには「企業スポーツ」を生むのである。

これは、日本だけの問題ではない。この変化が最初に起こったのが、第二次産業革命をリードした、ドイツとアメリカである。福利厚生という意味では、ドイツのクルップ製鋼会社が有名である。アルフレッド・クルップは、いち早く疾病・年金金庫を作り、労働者のために寮や社宅を整備した。さらに、社宅団地には消費組合を組織して、食品・日用品を安価に販売した。また、労働者が快適に生活できるよう、ビアホールやカフェを用意するとともに、ボウリング場やグラウンドなども次々と整備して1889年パリ万国博覧会で労働者福祉金賞を受賞した[2]。もちろん、企業スポーツチームも形成され、現在でもブンデスリーガの強豪バイエル・レーバークーゼン（アスピリンで有名なバイエル社が1904年に作った企業チームの末裔）などが存在するが、スポーツの仕組みが違うので、日本のようには広範に発展したわけではない。

アメリカでも、事情は変わらない。テイラーは、それまでの内部請負慣行を、会社側の職長によって直接管理する提案を行い、フォードは、従業員を手厚く処遇し、各種の福利厚生制度を整備し、従業員たちの野球チームも作って、近隣の企業とリーグ戦を戦っていた。ちょうど結成

された「大日本東京野球倶楽部（ジャイアンツ）」が、北米遠征を行った時（1935年）、フォードやGMとも対戦している[3]。

しかし、1935年に議決されたワグナー法（労働団結権を保証する法律）は、企業側が労働者に福利厚生や教育訓練などの付加的便益を供給することを禁止する[4]。この法律は、段階的に施行されたので、スポーツどころか、企業健康保険や企業年金さえもなくなっていくのである。

日本の開明的企業家、例えば鐘紡の武藤山治は、1890年頃から企業内福祉諸制度の整備を始めるが、多くはドイツやアメリカ企業に倣ったとされる[5]。そして、1914年幸福増進係を設立して福利厚生の拡充に努めた。「企業スポーツ」は、この流れのなかで、できあがるのである。

4　企業スポーツの発展と崩壊

このようにスタートした「企業スポーツ」は、戦後高度成長とともに花開く。例えば、オリンピックの代表選手は、高校生・大学生を除くと、ほとんどが「企業スポーツ」選手であった。企業やスポーツ種目にもよるが、午前中は会社で働いて、午後から練習し、大会などで遠征する場合は、出張扱いを受けていた。そして、引退後も多くの選手はそのまま会社で働き続けた。転職の心配もなく、人材のラインアップにアクセントをつけたい会社のメリットも大きかった。

ところが、ロスアンジェルス・オリンピック（1984年）頃からオリンピックの商業化が始まり、アマチュア規程が緩和されると、スポーツを仕事とする選手が急速に増加したのである。当時の円高基調を背景に、各種競技の「日本リーグ」で、外国人選手を採用して強化する流れが引き金となった。いいかえれば、「広告宣伝型」の「企業スポーツ」チームが増えたのである。

こうなると、労務と無関係な「企業スポーツ」が隆盛となる。まず、女子を中心に、「企業スポーツ」チームに「契約社員」選手が目立ちは

じめた。彼らは、会社では働かないし、引退後は退職する。こうなると、選手は広告塔以上の意味はなく、企業の業績が悪化すれば、速やかに撤退する。いわゆる「使い捨て」である。それでも、スポーツ振興には寄与するが、企業にとっては、サポートの意味は変わったといわなければならない。

例えば、1982年（昭和57）から日本リーグに加盟し、Vリーグとなってから2000年前後まで活躍する、女子バレーボールのダイエー・オレンジアタッカーズ、イトーヨーカドー・プリオールといったスーパー業界「企業スポーツ」チームは、バブル景気に沸いた80年代に台頭し、バブルが崩壊すると撤退した典型的事例である。もともと、パート従業員が多いその職場は、福利厚生や教育訓練と関係が薄く、労務上の必然性は小さい。最初は、従業員のレクレーション・チームとして発足するが、強くなると宣伝目的でセミプロ化する。そして、アマチュア規定が緩和されると、外国人選手を加えて強化し、バブルとともに消えたわけである。

5　第三次産業革命と「企業スポーツ」

「企業スポーツ」は、「直接雇用」化の産物であることはすでに述べた。周知の通り、現状は、「間接雇用」化が急速に進んでいる。その端緒は、1992年の労働者派遣法によって開かれた。その後、順次派遣の自由化が進んだ結果、20世紀初頭の状況を再現するかのように、ワーキングプアが現れ、派遣切りが社会問題化した。当時のベストセラー、小林多喜二の「蟹工船」がまた読まれるようになっているという。こうなると、「企業スポーツ」を維持するのは容易ではない。

いわゆる「ソフト化」「サービス化」「情報化」などの形容詞で表現されている産業構造の変化（第三次産業革命）は、人の働き方を大きく変え、「企業スポーツ」を崩壊へと導いている。例えば、20世紀終盤に、

日本の製造業が構築したリーン生産方式（その典型がトヨタ・システム）は、協働の成果として獲得されるコツとかカンが、その根底に存在した。ところが、センサーやロボットが導入され、コンピュータが制御する現代の工場では、チームワークや個人の知識、経験、創意工夫などがカイゼンに結びつくことなど、少なくなってしまった。こうなると、職場のチームワークの必要性は薄れ、「請負」や「派遣」が復活することになる。

　それにもまして、企業がスポーツチームを持つことを困難にするファクターがある。企業の目的が、「存続と成長」から「利潤極大」や「企業価値最大」へ、変化しようとしているのである。存続・成長の基本要因は従業員であるから、企業内福祉や企業内教育訓練は意味があった。しかし、経済的目的が台頭すれば、これらはコストに他ならない。コーポレート・ガバナンスの議論に見られるように、企業の主人公が、従業員から株主へと変化したのである。こうなると、スポーツチームや体育館、さらには慰安旅行や海の家や山の家などは、無駄以外の何者でもなくなる。「企業スポーツ」は、成り立ちにくくなった。

6　おわりに
これからの企業とスポーツ

　いま、時代は「企業スポーツ」が成立した20世紀初頭のフィルムを、まるで逆回しに見ているように、「企業スポーツ」を崩壊させようとしている。それどころか、企業内福祉や企業内教育訓練まで崩れはじめている。その結果、国全体の社会保障・教育のシステムまで再編成を余儀なくされはじめていることは、周知の通りである。

　「企業スポーツ」が、オリンピックで優勝を争ったり、インターナショナルレベルのチームをサポートすることであるなら、もう先は見えてい

る。企業システムも変化したし、世界のトップの競技レベルを維持するためには、短時間でも、企業で働くことが選手側でもハンデになる。

　しかし、スポーツの底辺を支え、スポーツを普及させるという点でなら、「企業スポーツ」は、まだまだ意味を失っていない。高校・大学を卒業したあとも、高いレベルでプレーを続けたい選手の受け皿になるし、これを地方で行うならば、「地域おこし」にも貢献できる。特に、マイナー・スポーツには、このような支援が緊急に必要で、このまま企業の支援が減り続ければ、競技人口は激減し、国際レベルで活躍できる選手は育たなくなるであろう。

　トップチームを強くしてオリンピックで優勝することだけが目的ならば、スポーツ省を設置し、法律を改正し国の事業として競技を維持する方法もある。しかし、単発的ではなく、強いナショナル・チームを長く維持するためには、スポーツを普及させ、地方にもたくさんチームを配置して切磋琢磨し、多くの子供たちをこれに巻き込み、次代のスター候補選手を見つけ出す仕組みを作る必要がある。

　今後は、コーポレート・ガバナンスなどと関係のない、地方の中堅・中小企業に大きな期待がかかる。1社だけでは無理でも、何社か協力してチームを作ったり、有望な競技者を雇用したり「企業スポーツ」が果たせる役割は、まだまだ大きいと考えるべきである。

（澤野　雅彦）

〈注〉

1)　この節は、主に、澤野雅彦 2004 の第 3 章及び澤野雅彦 2011 の要約である。「福利厚生型」は前者、「教育訓練型」は後者に詳しく述べている。
2)　田中洋子 2001、31-33 頁。
3)　永田陽一 2007 参照。
4)　中窪裕也 1995、315 頁。
5)　藤田至孝 1988、144-145 頁。

参考文献

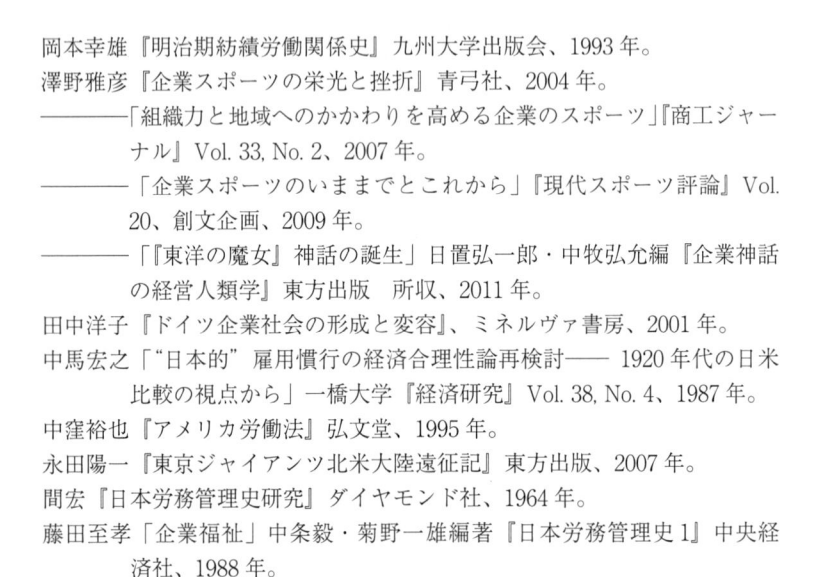

岡本幸雄『明治期紡績労働関係史』九州大学出版会、1993年。
澤野雅彦『企業スポーツの栄光と挫折』青弓社、2004年。
————「組織力と地域へのかかわりを高める企業のスポーツ」『商工ジャーナル』Vol. 33, No. 2、2007年。
————「企業スポーツのいままでとこれから」『現代スポーツ評論』Vol. 20、創文企画、2009年。
————「『東洋の魔女』神話の誕生」日置弘一郎・中牧弘允編『企業神話の経営人類学』東方出版　所収、2011年。
田中洋子『ドイツ企業社会の形成と変容』、ミネルヴァ書房、2001年。
中馬宏之「"日本的"雇用慣行の経済合理性論再検討——1920年代の日米比較の視点から」一橋大学『経済研究』Vol. 38, No. 4、1987年。
中窪裕也『アメリカ労働法』弘文堂、1995年。
永田陽一『東京ジャイアンツ北米大陸遠征記』東方出版、2007年。
間宏『日本労務管理史研究』ダイヤモンド社、1964年。
藤田至孝「企業福祉」中条毅・菊野一雄編著『日本労務管理史1』中央経済社、1988年。

第5章
社内スポーツクラブの企業経営史

近代フランスの事例

1 はじめに

　本章の課題は、本書の共通テーマである〈スポーツの経営史〉を巡り、近現代企業経営における企業スポーツの役割に留意し、特に〈従業員スポーツクラブ〉の機能を吟味する。その主たる検討事例はフランス自動車産業の代表企業であるルノー自動車の社内スポーツクラブである（節2）。企業での従業員スポーツクラブ導入に関する労資双方の姿勢を検討する。また節3では企業経営にとっての企業スポーツの位置付けを吟味する[1]。節4は企業内パテルナリスムとしての社内スポーツの動向検討と国際比較を試みる。

2 新たな〈職場〉像と社内スポーツ活動
社会生活機会を巡る動機

　①近現代期のフランス企業が〈社内スポーツ〉を整備していくまでの前段として、これに先立つ産業帝政期（工業化が加速したナポレオンⅢ世治下の第二帝政期：1852-1870年）における職場の労働スタイルについて概観しておく。

　この帝政期における工業成長は大規模事業所（工場）と中小・零細作業場（アトリエ）との双方における並行的発展が認められる状況であった（1840-45年期～1860-65年期の工業成長率：「大工業」部門＝＋100%；「小工業」部門＝　＋30%）[2]。

　このような二重性を帯びていた状況（二重成長パターン）を反映して、工場制における労働スタイル自体（＝作業規律の許での労働、等）の定着、一般化には時間を要していたのが実態であった。またロレーヌ鉱山＝鉄鋼業では、農村出身の半農半工的"労働者"が誕生していたのであ

り、「農村社会の残磁性」（S. BONNET の表現）が見出されていた[3]。

　工業発展の過程と共に、大工場のみならず、中小作業場においても作業規律が強化され、新たな就業規則も定められた。従来、許容されてきた作業中に賃労働者らが唄を歌い、叫び声をあげ、自由に持ち場を離れることを新たに禁止した。この動きの一方で、従来型の家庭と繋がる労働者側の時間リズムの承認もみられた。依然、農村的、伝統的習慣に根差した日出・日没時刻に応じた職場の始業・終業時刻の季節別設定の維持、また昼食を自宅でとる権利、そのための就業中の一時帰宅の保証、などである。また従来までの慣習を固定化するように作用した様々な就業規則も、認められた[4]。

　つまり産業帝政期にあっては、規律化された作業スタイルの確立が進行しつつも、職場が本来、自律的に有するはずの時間・空間管理は徹底しておらず、職場と職場外（家庭また農作業の場）との関係は未だ判然と区分されていなかったのである。作業場へ出勤後の喫茶・飲酒のための外出や、勤務中に昼食をとるための一時帰宅の慣行が残り、また作業場、工場へ、部外者である通行人が自由に敷地へ出入りして、労働者と談笑する光景も珍しくはなかったのである[5]。

　すなわち、とりわけ中小規模以上の作業場（工場）賃労働者層は職場の生活時間と家庭の生活時間との接合志向、つまり家庭での生活時間と連動する職場生活リズム構築を要求していたわけである。

　②産業帝政期の工場労働者達は職場の労働リズムと家庭での生活時間を接合することにより、職場と家庭でのワーク・ライフの均衡を図ろうとしてきた。

　これに対し、同帝政期の終わる 19 世紀後葉以降（第三共和政期：1870-1940 年）になると、労働者の関心事は、工場制のさらなる展開と共にそれまで執着を示してきた職場と家庭時間との繋がり方の問題以上に、職場内外での社会生活の拡がりにも関心を深めていく。具体的には、次節で触れる社内スポーツクラブを代表例の一つとする、一部の大

企業での社内設定イヴェント、レクリエーション（レジャー）をきっかけとする社交の機会獲得、交友・人間関係の拡充化が、労働者達によって受け入れられ志向され始める。このような大規模企業、大工場での社会生活拡充へのチャンスの存在はのちに、所得機会とは別の、これら事業所を魅力ある存在とした、もう一つの就職動機にもなっていった。

　この状況は、〈家庭時間との繋がり〉への拘りが目立った先の産業帝政期でのそれとは異なるものであり、男子工、女子工共に、より個人的次元に立脚する、〈自身の社会生活拡充機会〉獲得が重視されるようになった。いわば"個"への目覚め、である。それは共稼ぎの労働者達の新たな夫婦関係スタイル、家事の家庭内分業のあり方への変化をもたらすものでもあった。

　例えばあるルノー勤務女工の手記から：

　　女工の作業は、彼女らの夫に対して一定度の独立性をもたらしました。夫も妻も、お互いを良き同志として遇していきました。彼らは、共に家事を分担していきます。
　　最初に帰宅した方が夕食を準備し、〔もう一人が〕食器を洗います。彼らの生活は、他人と比べて、より快適な余り従属的ではないものでした。
　　彼らはあまり子供を求めず、あるいは子供無し〔の生活〕を欲しています。というのも育児は仕事の放棄とか、工場労働と育児を兼ねる忙しい生活を意味することになりましたから。これら勤務に出る女工は気楽な生活を望んでいました。
　　彼女らは家庭で為すことを押さえて、噂話、様々な出来事、社会的つながり（sociability）を伴った工場生活が彼女らをなごませ、彼女らの思いを、〔家庭とは〕別の方向へと向かわせました。[6)]

　　＊〔　〕内は筆者による補語。

3 社内スポーツの形成と制度化
ルノーのクラブ

　かかる労働者達の社交関係、また交友・人間関係拡充の直接的な契機となったのは、世紀末から戦間期にかけて大企業経営者側が専ら社内で設えた各種のレジャー、レクリエーションまたはイヴェントであった。大工場を擁していたルノー自動車の場合、それは労働者の心身と教養の陶冶を目指すために、ビヤンクール・オリンピック・クラブ等のスポーツ・クラブを創設し、水泳、サッカー、体操、陸上競技などの各種運動種目を可能とする大スタジアム開設はじめ、労働者憩いの場としての庭園整備（1926年）、労働者向けの団体旅行組織化、図書室設置を推進する形態で具体化された。[7]

　とりわけルノーにおける社内での従業員スポーツ活動の奨励は、経営者層側のイニシアチヴによる福利厚生、パテルナリスムの一環として、経営トップであるルイ・ルノー（1877-1944年）が求めていた彼自身の抱く「労働者らの健全な身体」形成実現を意図したものであった。社内施設でのスポーツ、身体鍛錬をつうじ健康状態を労働者自身が維持してゆき、彼らの日々の労働作業の円滑化を期待してのことである。

　ルノーでの企業側主導の、以上のような企業スポーツの制度化は事業所のあるブーローニュやムドンでの十分な設備をもつ様々なスポーツ施設の整備、また労働者らによる諸施設自由利用のルールを実現した。これらにより労働者の運動競技参加による健康増進効果がもたらされるように作用した。もっとも社内スポーツ施設の利用状況は職種間で当初は少なからぬ差異も認められた。概して移民労働者層の利用度が低い傾向にあったのであり、また社内ではスポーツ施設は専ら幹部層、専門職労働者層、事務職員層を対象の、贅沢と看做されていく雰囲気もあった。社内スポーツ活動を軸の一つとする「この新たな生活様式」の受容と「この種の領域の活動への没頭」の一般化と定着は、そもそも「時間を要す

る」ものであった。[8]

　なお、このような充実した水準の社内スポーツ諸施設は、パリ地域圏でも最も豪華な内容を誇った後年の Marcel-Beck スタジアムと同関連諸施設建設（1947年、ムドン）へと連なるものとなった。また施設建設ばかりでなく、戦間期に設けられた初期の社内スポーツクラブはビヤンクール陸上競技クラブのような、第二次大戦後に顕著となった様々なスポーツクラブ追加新設の基盤となっていたのである。

　また労働者の健康増進に止まることなく、ルノーでのかかる企業スポーツ推進がもたらした、もう一つの社内効果は、社内に存在する多様な民族上、職種上の各労働者グループ間の「スタジアムでの一時的な一体感」、仲間意識形成をも含むものであった。[9]

4　社内スポーツと企業経営史

　ルノーにおける社内スポーツ活動は、先述のように企業内福利厚生システムの一環として位置付けられるものであった。スポーツ活動をはじめ1920年代から組織化が試みられて、同社に勤める労働者達へ供されるレジャーは、かかるスポーツ以外にも、第二次大戦の終戦後期に至ると社内に設置された「施設委員会」（*Le Comité des établissements*）あるいは社内福利厚生の担当部署である労務サーヴィス係を推進者役にして、さらに整備される。家族旅行の組織化と手配（による休暇自体の制度化と充実化）、社内における図書室、集会室整備、コンサート、映画、演劇、美術コンクール、討論会、レコード鑑賞会の企画と開催など多様な領域に及ぶ特徴を有するものであった。[10]社内レジャーのその豊富さ、充実ぶりは施設委員会が発行する情報紙 "*CE Info*" の紙面が雄弁に物語っていた。すなわちスポーツばかりが、彼らにとっての「唯一の気晴らし（レジャー）ではなかった」のである。[11]

　社内スポーツ活動は、戦間期には未だ企業の広告塔としての社会人

チーム（本書・第4章参照）を擁するものではなかったが、スポーツ活動は単に社内労働者達の健康増進の具に止まるものではなかった。それは同社に勤務する多数に及ぶ労働者達一人ひとりの、企業ルノーへの帰属感を再確認する契機となりえたものであり、また先に触れた如く、この社内スポーツ活動への参加は労働者間の一体感、連帯感、仲間意識を醸し出す機能を帯びていたのである。これは戦後日本の終身雇用制下での正社員の一体感、結束を確認してきた企業内福利厚生イヴェントが有したのと同様の効果が、当時のルノーにおいては正規・非正規双方の労働者達へ及ぶものになったと認められる。（なお付言すれば現代日本の一定数の企業においては、その社内構成比が高まった非正規社員層をも対象としながらの社内運動会が復活［アルプス電気＝2006年復活、2009年休止・村田製作所＝2013年復活］し、職員慰安旅行が改めて設けられつつある。これは、かつて正規社員向けの催事として供せられてきた企業内福利厚生イヴェントが、高度成長期とは異なる新たな労働組織の状況において機能していることを示している。これらイヴェントをつうじて、従来は、従業員の一体感の確認と強化が試みられてきたのに対し、今日では流動的な労働環境を反映して、戦間期ルノーと同様に、その形成が決して容易ではない従業員間の一体感、結束感自体の創出契機として位置付けられているのである。）

このような社内スポーツクラブをはじめとする、ルノーが誇った様々な企業内福利厚生システムの先駆性は、戦間期以降のフランス企業の福利厚生サーヴィスのモデルとなるものであった。ルノーのかかる社内福利厚生制度は「社会的ショウウインドウではなくても、産業世界において全くオリジナルにして正真正銘の社会政策を先導」するタイプのものであったとの評価もなされている。

19世紀の産業帝政期以来の、フランスにおける企業内経営パテルナリスムの特徴は、経営者が労働者の勤務条件の改善、その心身の健康向上に配慮していく後見的、父権的性格をもつものであった。社員スポーツ活動をはじめとするルノーの事例では、ロレーヌ鉱山の場合とも同様

に、父権性は20世紀に至り戦間期を迎えても、なお変わらぬ状況であった。このような経営パテルナリスムは、自動車産業、鉱山業のみならず、百貨店業や近現代期の主要産業部門であった綿業でも広範に認められた。[14] これらに共通するのは、経営者にとって従業員らとはあくまで父権的保護の対象者であったのであり、従業員を自立した対等の産業人（企業組織上のパートナー）として遇していたわけではなかったことである。この点は近代ドイツでも同様であった。すなわち、その綿密な研究成果が明らかにするように機械製造業クルップ社は、全き家（ganzes Hause）の「家の主人」（Herr im Hauses）として立ち現われた経営者層が父権的にパテルナリスムを主導し実践した典型例の一つである。[15]

また経営パテルナリスムは、経営者側の寛容の精神と慈悲深さの顕れとして、特別出費を伴いながら実践された部分も認められたものの、半面、労働者福利の向上が欠勤率の、さらに離職率の低下や製造品の品質改善という企業全体の実利に帰結していく過程も、百貨店経営で明瞭に顕れたように、経営者側は学習し認識していったのである。[16] つまり経営パテルナリスムの実践とは、必ずしも企業収益を度外視した、経営者側の一方的慈善行為ばかりではなかったのである。

さてルノーでの社内スポーツ活動は、これまでにみてきたように経営トップ（ルイ・ルノー）の意思の下で企業側主導によって整えられてきたものであったが、比較史的視角から他国での事例を一瞥しておく。

近代ノルウェーでの企業内スポーツ活動の推進主体の多くは、フランスとは対照的に、企業ではなく労働組合であった。世紀転換期の1900年には、労組主導により幾つかの企業において社内スポーツクラブが設けられる。ノルウェーの社内クラブが帯びる特質は、企業ではなく労組が推進主体になったことも影響して企業内福利施設である社内スポーツクラブの、企業外へも開かれた地域開放性、社会性、またクラブ組織としての自立性の確立である。すなわち社内クラブの利用は従業員とその家族のみに限定されず地域の市民にも認められる事例が多かった。

各社で結成された、これら社内スポーツクラブ群は、1924年に労働者スポーツ連盟を組織した。同連盟は後年、企業スポーツ連盟へ再組織化されてから、競技スポーツを主軸としてきたノルウェースポーツ連盟との合同へ至る（1947年）。当初から地域に開かれた社会性を帯びているノルウェーの社内スポーツクラブは、国民全体を対象とする全国スポーツ組織の一角に位置付けられたうえで運営されることになったのである。[17]

5　結　語

以上に概観したように、近代フランスでの企業スポーツ活動は、19世紀後葉から戦間期にかけて大企業で展開した福利厚生システムの一環として経営者の家父長的色彩を帯びた経営パテルナリスムによって推進された。自動車のような製造企業に止まらず、百貨店等の流通・サーヴィス業での福利厚生の制度化も同時期に並行して進められた。とはいえ北欧の事例からも明らかなように、近現代ヨーロッパでの企業スポーツはフランスにみられる企業側イニシアチヴに拠るものばかりでなかった。労組が主体となって社外の地域社会へも開かれた活動として推進される径路も複層的に認められる多層性に、留意しておく必要がある。

＊本章の一部は社会経済史学会第79回全国大会〈パネル②：歴史の中のライフ・ワーク・バランス――経済生活の多様性と社会経済史〉での報告（2010年6月20日）に基づいている。組織者・藤井和夫先生（関西学院大学）はじめ同パネルでの諸教示に感謝する。

（市川　文彦）

〈注〉

1) 19世紀後葉以降のフランス製造業における労働時間、職場環境を、産業社会学的側面から検討したものとして、Steven L. KAPLAN and Cynthia KOEPP ed. *"Work in France"* 1986, Michael ROSE ed. *"Industrial Sociology: Work in France"* 1987, Gary CROSS *"A Quest for Time The Reduction of Work in Britain and France, 1840-1940"* 1989, Patrick FRIRENSON, Bénédicte REYNAUD dir. *"France et le temps de travail (1814-2004)"* 2004、が挙げられる。また労務管理あるいは産業と福祉システムについては、原輝史編『フランス経営史』1980年、第Ⅱ部第1章「労務管理政策の展開」(藤村大時郎)、また岡田益三「レオン・アルメルの経営パターナリズム思想形成」『兵庫史学』46号、2000年、齊藤佳史『フランスにおける産業と福祉 1815-1914』2013年がある。また本章で対象とするルノー自動車経営に関しては、Alain TOURAINE *"L'Évolution du travail ouvrier aux usines Renault"* 1955, Patrick FRIEDENSON *"Histoire des usines Renault"* 1972/1998, Jacquline COSTA-LASCOUX, Émile TEMINE *"Les hommes de Renault-Billancourt Mémoire ouvrière de l'île Seguin 1930-1992"* 2004, Jacquline COSTA-LASCOUX, Geneviève DREFUS-ARNAND, Émile TEMINE *"Renault sur Seine Hommes et lieux de mémoires de l'industrie automobile"* 2007 等々。
2) フランソワ・キャロン『フランス現代経済史』(原輝史監訳) 1983年、第8章 (François CARON *Histoire économique de la France, XIXe-XXe siècles* 1981)。
3) 大森弘喜『フランス鉄鋼業史』1996年、137-8頁。
4) Maurice AYMARD, Claude GRIGNON et Françoise SABBAN *"Le Temps de manger"* 1994. pp. 296-301.
5) 19世紀末期となり、漸く他の製造業部門における工場でも同様の時間・空間管理の強化が進行した。例えばシュネデール社工場 (機関車、エンジン製造) での敷地内外を区分する壁の構築 (1899年)、ポン・タ・ムソン工場 (機関車、エンジン製造) の壁構築 (1905年) など。大森 前掲書140、158頁。
6) Steven L. KAPLAN and Cynthia KOEPP ed. 前掲書 p. 518。
7) Jacquline COSTA-LASCOUX, Émile TEMINE *"Les hommes de Renault-Billancourt Mémoire ouvrière de l'île Seguin 1930-1992"* 2004, p. 181.
8) J. COSTA-LASCOUX, É. TEMINE 前掲書 pp. 181-2。
9) J. COSTA-LASCOUX, É. TEMINE 前掲書 p. 182。
10) J. COSTA-LASCOUX, É. TEMINE 前掲書 pp. 182-3。
11) J. COSTA-LASCOUX, É. TEMINE 前掲書 p. 182。
12) J. COSTA-LASCOUX, É. TEMINE 前掲書 p. 187。
13) 大森 前掲書、第三章、第四章。

14) 原編　前掲書。
15) 田中洋子『ドイツ企業社会の形成と変容』2001年、第Ⅲ編、とりわけ9章。
16) 市川文彦「「社食」機能のフランス型拡充プロセス―――"経営家族主義"から"新・社会的同志愛"へ」(第5章)、中牧弘允、日置弘一郎編『会社の中の宗教―――経営人類学の視点』2009年、所収。
17) 佐伯年詩雄『現代企業スポーツ論』2004年、特に第三章三節。

第**6**章

スポーツ・ビジネスとしての馬産業

日英比較

1 問題の所在

　本章では、日本とイギリスの馬産業を概観し比較することによって、イギリスの馬産業の現状と、日本でスポーツ・ビジネス、レジャー産業として乗馬クラブ経営が長らく成立しなかった歴史的背景とその要因を検討する。なお馬術、乗馬クラブ経営などの関係から見た馬産業に関する先行研究がほとんど見られないため、本稿ではあえて時期やテーマを絞らず、現時点で考えうる論点を、史的背景、現状分析などに仮説も加えて研究の起点としたい。

　日本では、スポーツとして馴染みが薄い馬術だが、国際組織加盟数をみれば、例えば国際野球連盟（IBAF）加盟数が115ヵ国・地域に対して国際馬術連盟（FEI）加盟数は133ヵ国と上回っている。かつて馬術競技は「King of Sports」と呼ばれ、1932年のロサンゼルスオリンピックでは大障害飛越競技で「バロン西」こと西竹一選手が金メダルを獲得したことは知られている。ソウル五輪まで馬術競技の大障害飛越競技の決勝は、閉会式の前にメインスタジアムで実施されていたことからも、馬術競技が全スポーツに占める象徴的な地位が窺える。

　馬術競技といった場合、主に次の三つを指すことが一般的である。まず障害飛越競技は、コースに並べられた障害を飛越し、減点数とスピードを競う。次に馬場馬術競技は、20m×60mの馬場の中にポイントが打たれ、規定通りの動作を行い調教を採点する競技である。最後は総合馬術で、先ほどの馬場馬術を1日目、2日目に野外騎乗のクロスカントリーを行い、3日目に障害飛越競技を実施する最も過酷な競技である[1]。馬術競技は、馬場馬術に見られるように年齢の上限も高く、男女ともに同じ競技に出場する性別差のない競技である。また元来騎兵などの軍人が出場していたことから、プロ・アマの境界が当初から曖昧、もしくはほぼないことも付け加えておきたい。

　それでは馬産業とはいったいどのようなものであろうか。これは馬匹（ばひつ）つ

まり馬の種類の改良から見るのか、また馬の生産・馬産あるいは競馬から見るのか、そして馬術と関連して乗馬クラブ経営から見るのか、分析視角によってその像は大きく異なる。本稿ではイギリスについて業界団体と教育制度、日本については乗馬クラブがビジネスとして成り立ちにくいと言われた史的背景といった視角から、両国の現状を分析してゆく。

なぜ日本とイギリスを国際比較するのかについて述べておきたい。武市銀治郎氏によれば、1935年の日本の軍馬資源は152万頭であり、満州国の185万頭を加えればイギリスの110万頭の3倍強と大きく上回っていた。[2] 両国を比較することによって、イギリスを凌駕していた馬大国・日本において、なぜスポーツ・ビジネスとしての馬産業が戦後大きく発展しなかったのかを検討したい。

2 イギリスの馬産業

表1は、イギリスにおける「馬」に対する興味について、イギリス環境・食糧・農村地域省の委託でロンドンのシンクタンクが調査したものである。調査の結果、イギリスでは、馬の興味について「全般」が1位であり、日本で人気のある競馬ではない。馬術競技会への参加にいたっては3.3%（2003年）に過ぎず、馬産業に対する非常に多様な興味と需要が存在することが分かる。

表1　イギリスにおける馬産業への興味

	2003年	1998年
全般	22.6%	20.4%
乗馬	4.5%	2.3%
競馬	16.0%	11.6%
障害馬術	7.9%	10.9%
馬術競技・競馬への参加	3.3%	2.4%

出典：Henley Centre, *A report of research on the horse industry in Great Britain*, British Horse Industry Confederation, 2004, p. 41.
※　調査対象15歳以上。サンプル数2万5000人。

それらに対応して 1999 年に設立されたのが、British Horse Industry Confederation（以下 BHIC）、イギリス馬産業連合である。図1にはその組織形態を示したが、競馬などの需要と乗馬需要に対する意見集約システムがその特徴である。また、育成、競馬、乗馬、獣医などの団体が対等な並列関係でフラットな組織形態でもある。このことから、どれが馬産業の中心というわけではなく、多様な馬産業への需要にそれぞれの団体が対応できていることがわかる。

　それでは、これら各組織を支える基盤は何であるのかを見てみたい。表2では、イギリスにおける馬産業の教育システムについて、取得学位、コース名を整理してみた。現在イギリスでは 30 大学で修士課程 1 コース、学士課程 60 コース 35 種、ハイアー・ナショナル・ディプロマ（以下 HND）[3] が 45 コース 21 種、開設されている。この中で興味ぶかいのは Management が付くコースが多く見られることである。修士1例、学士 13 例、HND 8 例が見られ、馬産業での経営感覚を身につけること

図1　イギリス馬産業連合（British Horse Industry Confederation）組織図

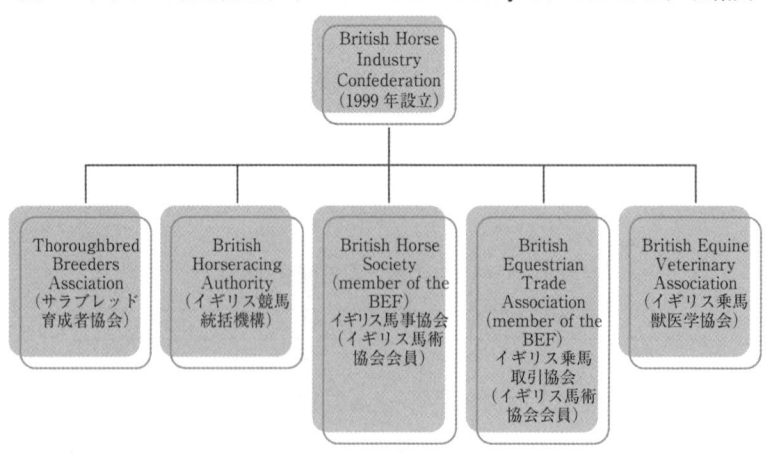

```
British Horse Industry Confederation
（1999年設立）
├─ Thoroughbred Breeders Assciation
│    （サラブレッド育成者協会）
├─ British Horseracing Authority
│    （イギリス競馬統括機構）
├─ British Horse Society (member of the BEF)
│    （イギリス馬事協会／イギリス馬術協会会員）
├─ British Equestrian Trade Association (member of the BEF)
│    （イギリス乗馬取引協会／イギリス馬術協会会員）
└─ British Equine Veterinary Association
     （イギリス乗馬獣医学協会）
```

出典：British Horse Industry Confederation, http://www.bhic.co.uk/（2010年6月1日取得）, British Horse Industry Confederation, The Strategy for the Horse Industry in England and Wales, Department for Environment, Food and Rural Affairs, 2005 の各頁を参照して作成。

第6章 スポーツ・ビジネスとしての馬産業 71

表2 イギリスにおける馬産業教育システムの内容

学位区分	コース数	内・経営関係	コース名詳細
修士課程	1	1	Applied Natural Science with Mgt (Equine Bus Mgt)
学士課程	60	13	Agriculture with Animal Science Animal Behaviour & Consultancy Animal Behaviour & Welfare Animal Care Animal Ecology Animal Health and Welfare Animal Industry Management Animal Production and Nutrition Animal Science Animal Science (Equine) Animal Welfare & Livestock Prod Applied Equine Studies Applied Natural Science with Mgt (Equine Bus Mgt) Biological Sciences (Horse Studies) Business (Equine Studies) Equine Behaviour and Welfare Equine Business Management Equine Industry Management Equine Science Equine Science & Management Equine Science and Management (Equitation) Equine Science and Management (Top-up) Equine Sports Equine Sports Coaching Equine Sports Science (Equestrian Psychology) Equine Studies Equine Studies and Leisure Management Equine Studies with Diploma in Industrial Studies Equine Studies with Management Equine Studies, Business Management & Marketing Equine and Agricultural Management Equine and Business Studies Equine and Human Sport Sciences Sociology/Equine Studies Zoology with Animal Ecology (計35コース)
HND (Higher National Diploma)	45	8	Animal Care Animal Care and Management (Equine) Animal Science Animal Science & Management Equine Mgt Animal Studies with Management Animal Therapy Applied Equine Studies BTEC HND in Horse Studies Business Studies for the Equine Industry Business and Equine Studies Equine Facilities and Sports Coaching Equine Management Equine Science Equine Sports Coaching Equine Studies Land Based Technologies (Equine) Science (Applied Biology for Equine Management) Welfare of Animals (Management) Welfare of Animals (Nursing) Equine Sci & Mgt (Equine Physiology & Therapy) Equine Science & Management (Stud and Breeding) (計21コース)

出典：Equine Behaviour Forum, http://www.gla.ac.uk/external/EBF/courses.html#A22B, 2010年6月7日取得（Page last updated: 21st July 2008）．

※ 大学名：The University of Aberdeen , The University of Wales, Aberystwyth , University of Wales, Bangor, Bishop Burton College, University of Bristol, University of the West of England, Bristol, Buckinghamshire Chilterns University College , University of Central Lancashire , University of Chester, University College Chichester, Cornwall College With Duchy College Coventry University, Greenmount and Enniskillen Colleges, University of Greenwich, Harper Adams University College, University of Hertfordshire, Imperial College of Science, Technology and Medicine (University of London), Lackham College, University College Northampton, The Nottingham Trent University, Oxford Brookes University, Plumpton College,University of Plymouth, Royal Agricultural College, Sparsholt College Hampshire, St. Helens College (An Associate College of Liverpool John Moores University), Warwickshire College, Royal Leamington Spa and Moreton Morrell , University of Wolverhampton, University College Worcester, Writtle College.

※ コース名詳細は重複は一つとして記載．

が非常に重要視されているのが分かる。Equine（馬術・乗馬を意味）を冠したコースも修士1例、学士21例、HND14例あり、Equine Sports Coaching つまり馬術・乗馬指導という学位も見られる。

現在、非常に充実したイギリスの教育システムだが、1986-87年に農業大学で馬関係について学ぶのは283名のみで、British Horse Societyという民間機関での資格取得者が7072名であり、公的教育機関の比率は低かった。[4] そのことからイギリスでは長年かけてこの教育システムが整備され、特にBHIC設立後、加速したと言える。

本節で見たような、育成、競馬、乗馬、獣医などが対等な並列関係で意見集約できる業界団体の存在や、馬産業従事者に対する大学等を通じた非常に充実した教育システムの整備の結果、馬産業に携わることの多様性がイギリスでは実現していると考えられる。表1のようなイギリスにおける「馬」に対する多様な興味・需要に対応できていると言ってよいだろう。

3 日本の馬産業

日本の馬産業、とくに馬術・乗馬界に関して、史的な観点から見れば、戦前戦後の断続性と連続性の存在が大きな特徴として挙げられる。まず断続が見られるのは、馬術・乗馬をつかさどる中央統括団体である。武市氏によれば戦前の馬事行政、馬政計画は軍需中心であった。馬術競技の担い手も当然軍人が中心であり、例えば、西竹一はじめロサンゼルスオリンピック代表選手では障害3名、総合3名の内、民間人は山本盛重選手1名のみで、山本自身も予備役の騎兵大尉であった。[5] しかし、馬術・乗馬をつかさどる中央統括団体を詳しく見れば少し違った像が浮かび上がってくる。

現在の日本馬術連盟は1948年に発足した。また1928年発足の日本学生馬術協会は1957年に全日本学生馬術連盟として再結成されている。日本馬術連盟の概要では「日本馬術連盟の歴史はさらに古く、1922年

に創立された日本乗馬協会に遡ることができます」と表現されている[6]。これは、組織として継承したとされるが、微妙な表現からもわかるとおり、戦前戦後で断絶したと考えられる。

表3は、現在の日本馬術連盟の前身、全国馬術連盟結成時（1946年）の理事・監事の職業・役職を記したものである。空欄は確認できなかったが、判明分だけでも大正から昭和にかけて、明治物産、山地汽船、スマトラ護謨、極洋捕鯨を設立し、戦後、貴族院議員を務めた企業家・山地土佐太郎を筆頭に軍出身者は1人も入っていない。ここからは戦前の軍出身者中心から、戦後は民間出身者のみとなったことがわかり、馬術界の人的関係に断絶が見られる。ただし、馬術の担い手は戦前も軍人のみというわけではなかった。表4は1922年（大正11）に日本で初めて開かれた全国規模の馬術大会、全国乗馬大会の役員名簿である。これをみれば、総裁の閑院宮を除けば、会長は後藤新平東京市長で、副会長の

表3 全国馬術連盟結成時（1946年）の理事・監事

役職	氏名	職業等
会　長	山地土佐太郎	明治物産、山地汽船、極洋捕鯨
副会長	松村善蔵	丸善鉱油合名会社（丸善石油化学）
副会長	永松陽一	
理　事	津軽義孝	農林省農務局
	今井常一	旧華族（伯爵）
	高橋賢一	
	久力紫郎	
	瀬理町秀雄	
	倉垣辰夫	宮内省主馬寮（メルボルンオリンピック日本代表団）
	堀池清大	馬の洋画家
	木下芳雄	
	飯野盛道	馬場馬術選手（騎手の伊藤 雄二の父）
	須藤英雄	
	辻村善次郎	
	吉木三郎	
	高岡　巖	馬主
	井上四一	
監　事	野村恵二	馬主
	山本隆造	日本体育協会日本オリンピック委員会委員

出典：馬術情報　第一号、1947.1.20発行より作成。職業等の空欄は不明。

表4 全国乗馬大会（1922年）役員名簿

役職	氏名	職業等
総　裁	閑院宮載仁	皇族・元帥
会　長	後藤新平	東京市長
副会長	大島又彦	騎兵監　陸軍少将
副会長	大石七郎	神戸乗馬倶楽部　会長
委員長	山地土佐太郎	明治物産、山地汽船

出典：松村喜八郎・今村秀樹・橘茂編『神戸乗馬倶楽部の80年』、15頁より作成。
なお、階級、役職等は大正11年当時。

　騎兵監であった大島少将以外はすべて民間人で占められている。たしかに戦前戦後にかけて軍出身者から民間出身者中心へと馬術の担い手が変化したが、戦前も民間の馬術家がアクティブに活動していたのである。
　また、現時点では仮説にすぎないが、強い連続性があったと思われるのは、戦前の軍隊馬術と戦後の学生馬術の関係である。これはとくに戦前の指導法の残存から軍隊風の気質が戦後に残ったのではないかと考えられる。例えば、最近まで乗馬の指導をする際の号令は日本陸軍と同じものが使われている風景がみられた。戦後、軍馬を中心とした馬事行政、馬政計画が消滅する中で、日本の馬術・乗馬の担い手は大学を中心とする学生馬術であった。[7]これは、第二次大戦後の世界の馬術界には見られない日本の特殊性と言える。たしかに学生馬術は戦後混乱期の馬術・乗馬界存続に大きく貢献した。しかし、戦前の軍隊馬術的な伝統や指導法を継承した学生馬術出身者が乗馬クラブなどの経営や指導にあたったために、高度成長期に拡大したレジャー産業としてのスポーツ・ビジネスの消費者需要に対応できなかった可能性がある。これについては、まだ実証的なデータが整理できていないため、今後の検討課題としたい。

4　比較分析と日本の馬産業の今後の可能性

　ここまで日本とイギリスの個別事例、史的背景などの検討を行ってき

たが、ここから日英、あるいは世界の例を比較分析し、日本における馬産業の今後の可能性について、乗馬の視点から一言述べて結びとしたい。

最初に挙げるのが、日本における競争転用馬の問題である。馬と一言で言ってもさまざまな種類の馬匹が存在している。大きく分ければ、サラブレッド・アラブなど軽種は競馬向き、その他、中間種・半血種は乗馬に向いていると言われる。飼育馬の比率は、世界各国の平均がサラブレッド・アラブ２割、その他種類が８割に対して、日本はサラブレッド・アラブが８割、その他が２割とまったく逆の比率である[8]。つまり乗馬に向きにくい馬種が大半を占めている。日本で軽種が多い理由であるが、図２は全国乗馬倶楽部振興協会が2009年に競走馬から乗馬に転用された馬匹数を調査したものである。ここからは、競争転用馬が60％以上を占めているのが分かる。競走馬は引退後、ほぼ無償で乗馬クラブや大学馬術部などが貰い受けることができる。つまり乗馬クラブ経営をはじめるにあたって、これほどイニシャルコストを下げる方法はない。ただ、競走馬は小さな馬場を静かに走るための馬匹ではないので、乗馬としての再調教が難しい。このようにクラブ経営の根幹にかかわる馬匹の

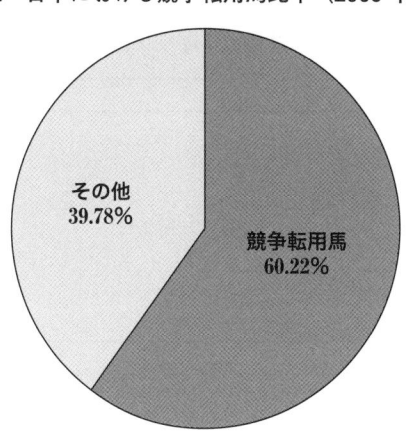

図２　日本における競争転用馬比率（2009年）

その他 39.78%
競争転用馬 60.22%

出典：全国乗馬倶楽部振興協会　登録馬調査（平成21年５月１日）
所属馬数 4967 頭。

コストを極端に低くする傾向が、結果として顧客へのサービス低下につながっている可能性がある。

つづいて、2004年の日英の飼養状況を見てみたい。表5はイギリスにおける飼養状況を示している。公式競技馬の割合は3.8%とかなり低く、乗馬クラブ・トレッキングセンター所属馬を足しても7.15%にすぎない。イギリスでは馬術競技が馬産業に占める比率がさほど高くないことが窺える。それに対して、日本では乗用馬の割合が14.2%（1万3715頭）とイギリスの倍の割合を占めている[9]。この理由としては競技偏重の日本では競技馬もしくは競技のための練習馬が多いためと考えられる。

近年の日本の馬術競技は、2006年ドーハ・アジア大会において総合馬術で大岩義明選手が個人金メダル獲得、馬場馬術が団体銅をはじめ、2010年広州・アジア大会では総合馬術で団体金、個人金・銅メダルを獲得するなど、競技人口から考えると驚異的な競技成績をあげている。これは日本馬術連盟を中心とする優れた選手に対するエリート教育の成功例と言える[10]。また選手によっては海外に拠点を置くなど、個人の努力の成果でもある。しかし、華々しい戦績の一方で、日本では「乗馬」とは「馬術」、とくに「競技」への出場を目的とする傾向が極端に強いの

表5　2004年前後のイギリスにおける飼養状況

区分	数
国内馬	900,000
輸出馬	7,872
輸入馬	5,519
乗馬クラブ・トレッキングセンター所属馬	30,000
公式競技馬	34,400
非公式競技馬	77,300
競走馬	40,000
合計（推定）	600,000-975,000

出典：Henley Centre, *A report of research on the horse industry in Great Britain*, p. 45.
※　公式競技馬はBEF（イギリス馬術協会）登録馬。非公式競技馬はポロ、ホースボール、ハンティング、ショーなどが含まれる。なお、国内馬の中には、各項目が含まれている。

も事実である。たしかに戦後、競技出場を主たる目的とする学生馬術は一時崩壊しかけた日本の馬術・乗馬界の存続に大きな役割を果たしたものの、競技偏重の傾向は日本の乗馬人口の増大によい影響のみを与えているとは言えないのではないだろうか。イギリスの事例ではあるが、表1をみれば、馬への最大の興味は競技だけではない。

　なぜ競技志向が極端に強いのかについては、日本では乗馬がレッスン・ビジネス以外で成立しにくいことが挙げられる。乗馬クラブを経営する際、日本では地価などのコスト高から、馬の技術、つまり馬術を指導することによってレッスン料をとるスタイルが一般的である。この馬術指導料によって利益を得る方法が競技偏重へとつながり、結果として日本における乗馬スタイルの多様化を妨げている可能性がある。

　また、馬産業での経営感覚を身につける上で、イギリスに見られるような大学・専門教育機関を通じた体系的な教育システムが存在しないことも、乗馬クラブ経営への参入を難しくしている。

　今後、乗馬を中心とする日本の馬産業が採り得る中長期の目標としては二者が考えられる。一つは、いままでどおり「小さい競技人口からのエリート教育」、または乗馬イコール馬術、乗馬人口イコール競技人口といった競技偏重のレッスン・ビジネス・モデルを続けることである。もう一つは「大きな乗馬人口からの選手育成」、つまり山野を巡るトレッキングやただ単に馬を触りたいなど馬と触れ合う機会を増やすことによって、乗馬人口を増加させ、その中から競技者を育成していく方向がある。スポーツ競技としては前者で十分な成功を収めているので現状のままでもよいが、スポーツ・ビジネスとして成立させるためには乗馬人口増は不可欠である。これこそが現在、日本の馬産業が抱える最大のジレンマなのである。

※本稿はシンポジウム「スポーツの経営史への多様なアプローチ」（経営史学会関西部会大会、於：関西学院大学　梅田サテライトキャンパス 2010.8.1）での報告「スポーツ・ビジネスとしての馬産業──日英比較」を起稿したものである。当日は多くの先生方より貴重なご意見をいただ

いた。また、社団法人全国乗馬倶楽部振興協会の藤田知己氏には情報提供ならびに多くのご助言をいただいた。兵庫県馬術連盟会長の今村秀樹先生（兵庫県立大学名誉教授）と一般社団法人日本障害者乗馬協会理事長の三木則夫氏にも有益なコメントをいただいた。日本馬術連盟には史料調査等にご協力をいただいた。ここに記して感謝の意を表したい。

（岡部　芳彦）

〈注〉

1) この3競技はオリンピックの実施競技である。現在FEI世界馬術選手権大会では、それらに加えて、馬車競技、軽乗競技、長途騎乗（エンデュランス）競技、レイニング競技（ウェスタン馬術）、障害者馬場馬術競技（2010年ケンタッキー大会より実施）の計8種目が行われている。
2) 武市銀治郎『富国強馬　ウマから見た近代日本』講談社選書メチエ、1999年、183頁。
3) HNDは、種別によっては学士号と同等かそれ以上で評価されることもある。
4) ピート・マルウィック・マクリントック『英国馬産業の経済的貢献』中村正展訳、日本馬事協会、馬事資料第20号、1991年、30-31頁。
5) 佐久間亮三、平井卯輔編『日本騎兵史・上』原書房、1970年、377頁。
6) 日本馬術連盟ウェブサイト
http://www.equitation-japan.com/outline/index.html, 2010/7/21日取得。
7) 戦前戦後の学生馬術の動向については、原昌三「日本学生と全日本学生の思い出」（全日本学生馬術連盟編『全日本学生馬術連盟50年史』、全日本学生馬術連盟、2007年、14-18頁）が詳しい。
8) 世界の馬産業
http://zookan.lin.gr.jp/kototen/uma/u322_1.htm, 2010/7/1取得。
9) 吉原豊彦「わが国の馬飼養頭数と中央競馬の診療概況」BTCニュース、第70号、財団法人日本軽種馬育成調教センター、2008年、表1参照。
10) 2005年日本馬術連盟発行『馬術競技における一貫指導・競技者育成プログラム』はその一例である。

付　録

スポーツデータ・グラフ

図1 スポーツ観戦人口比の推移①

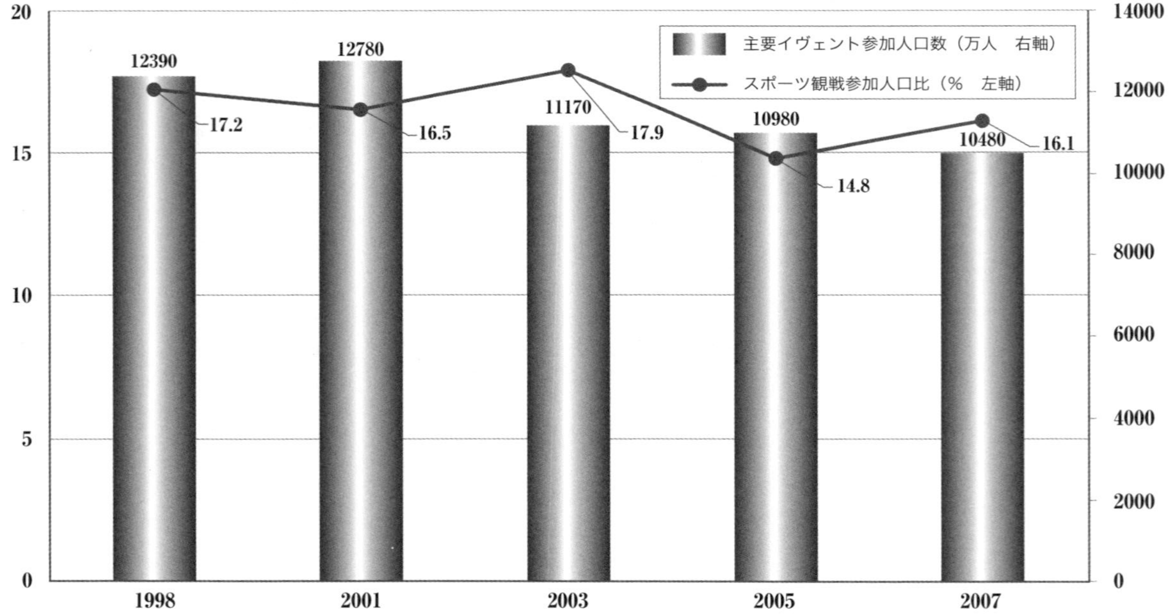

年	主要イヴェント参加人口数（万人 右軸）	スポーツ観戦参加人口比（％ 左軸）
1998	12390	17.2
2001	12780	16.5
2003	11170	17.9
2005	10980	14.8
2007	10480	16.1

出典：情報メディア白書 2009 年版（訪問調査）。
作成：田中理恵＋関学経済学部・市川文彦研究室。

付録 81

図2 スポーツ観戦人口比の推移②
　　　東日本大震災前後

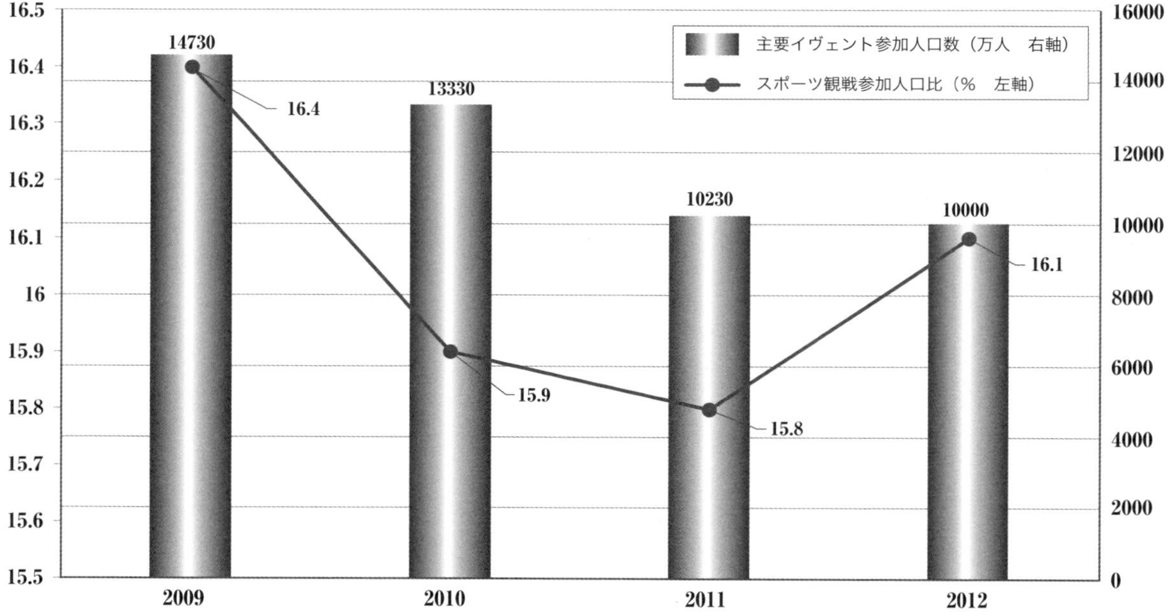

年	主要イベント参加人口数(万人 右軸)	スポーツ観戦参加人口比(% 左軸)
2009	14730	16.4
2010	13330	15.9
2011	10230	15.8
2012	10000	16.1

出典：情報メディア白書2014年版(2009年以降はインターネット調査)。
作成：田中理恵＋関学経済学部・市川文彦研究室。

図 3　日本のスポーツ参加人口数（2012 年度）

（単位 万人）

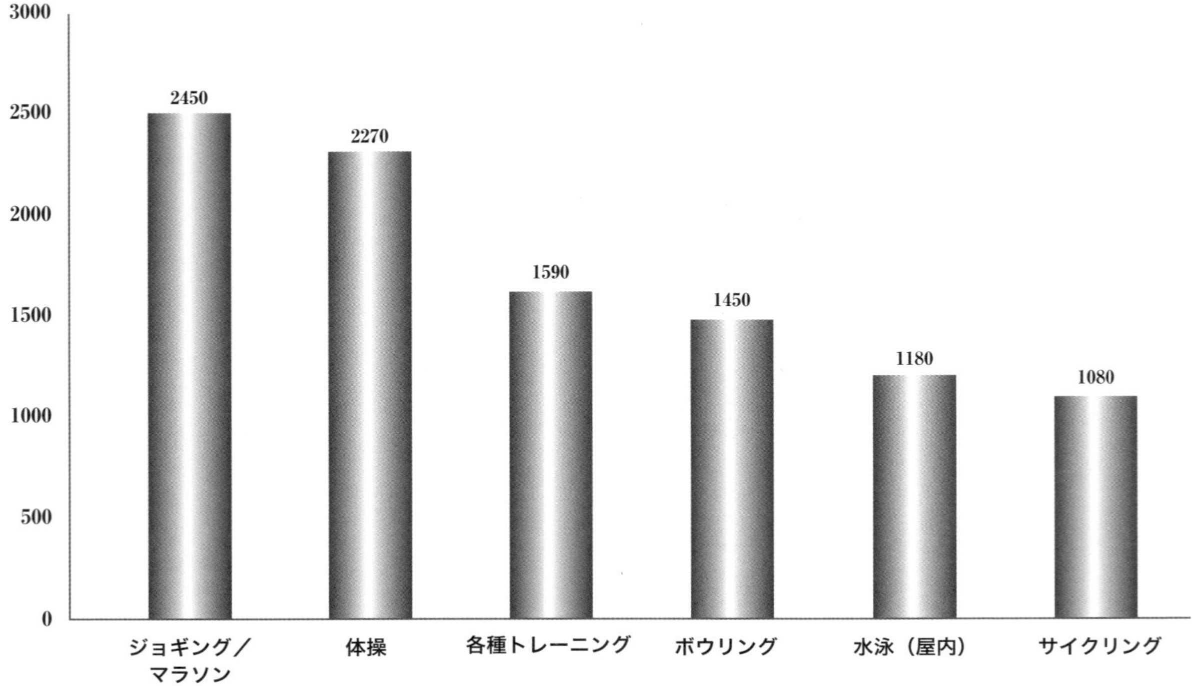

種目	人数
ジョギング／マラソン	2450
体操	2270
各種トレーニング	1590
ボウリング	1450
水泳（屋内）	1180
サイクリング	1080

出典：レジャー白書 2013 年版。
作成：田中理恵＋関学経済学部・市川文彦研究室。

図4 セパ両リーグ観客動員数＝上位3チーム

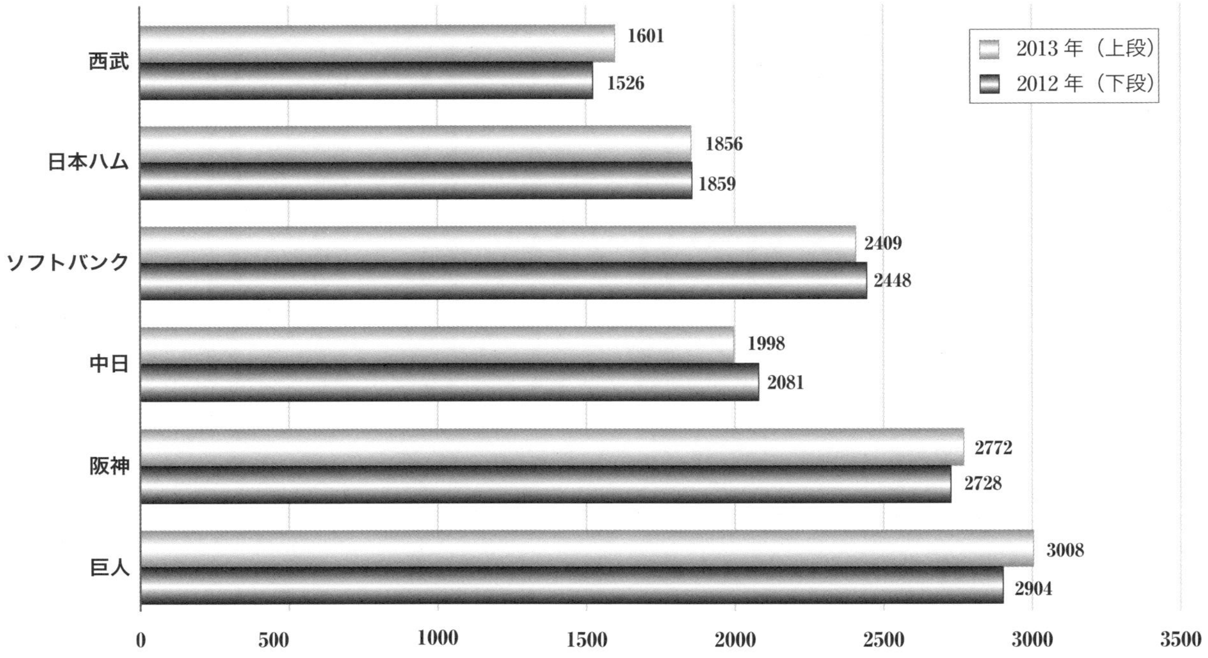

(単位：千人)

チーム	2013年(上段)	2012年(下段)
西武	1601	1526
日本ハム	1856	1859
ソフトバンク	2409	2448
中日	1998	2081
阪神	2772	2728
巨人	3008	2904

出典：情報メディア白書2014年版。
作成：田中理恵＋関学経済学部・市川文彦研究室。

図5 Jリーグ主要チームの経営指標（2012年度）

（単位　百万円）

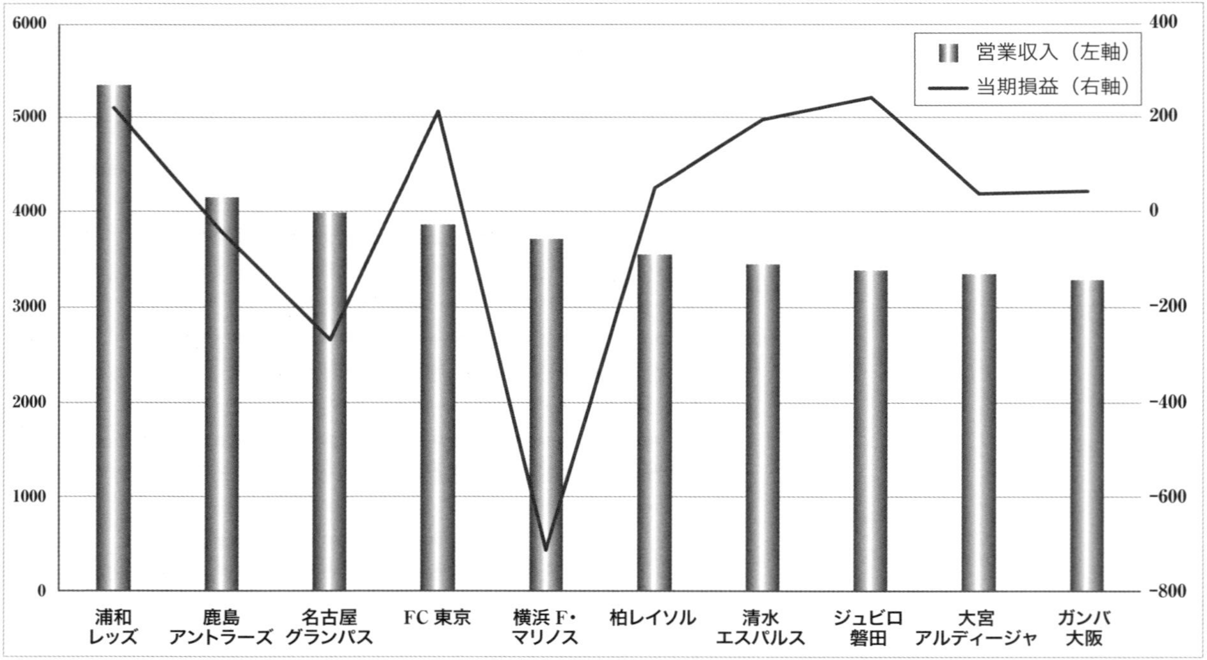

出典：情報メディア白書2014年版。
作成：田中理恵+関学経済学部・市川文彦研究室。

あ と が き

　2010年の部会大会共通テーマを、〈スポーツの経営史への多様なアプローチ〉と定めるには、時間をかけた検討と幾人かのお智恵を必要としていた。とりわけ鳩澤歩（大阪大学）、廣田誠両氏（大阪大学・本書第2章執筆者）、また当部会所属幹事代表（当時）・川満直樹氏（同志社大学）との議論で浮かび上がったキーワードが〈スポーツ〉であり、確かに経営史学会・関西部会所属の会員数名が、スポーツ・ビジネスに関心をもち、研究が着実に進められている状況であった。
　本書は北海道在住の専門家（道部会員）も招き、このようにして確定した部会大会テーマに相応しい四つの報告と、コメンテーター及びオルガナイザーによる各論考から成るものであり、六章構成としている。
　さらに本書のテーマに関連するデータのグラフ5点を、参考資料として巻末に収めた。本書各章を飾るイラストも描いた田中理恵さん（関西学院大・経済学研究科・市川文彦研究室M2生＝作成当時）によって、これらは作成されている。
　関西部会が初めて採り上げた本テーマについて、部会大会当日には三つの視角からの検討が進められ、各報告に触発された質疑、ディスカッションも予定の討議時間を超える程の充実したものになった。司会の藤田誠久先生（龍谷大学）・赤坂義浩先生（神戸学院大学）が、各報告の的確な位置付けを試み、常に論点の明瞭化を図って、大会運営を円滑に進めて下さった。両先生の大きなご貢献へ改めて御礼申し上げる。
　さて本書は、関西学院大学出版会の〈K.G.りぶれっと〉シリーズから公刊される。2008年度部会大会報告をまとめた『観光の経営史』（2009年）に続く、本シリーズ2冊目となる本書は、（教科書としての前著とは異なり、）論集として編まれている。この書物の刊行にあたっては、前回同様、関学出版会・編集長　田村和彦先生にご尽力を賜り、また編

集・制作を担って下さった同事務局・田中直哉氏、浅香雅代氏に、いつもの丹念にして行き届いた作業を本書においても進めて頂いた。心より御礼申し上げる。

　なお本書寄稿者の中で、大幅な改稿作業も数度、生じたために本書の出版が、大いに遅れることになった。各執筆者へお詫び申し上げる。

　　　経営史学会創立50周年・2014年　弥生

　　　　　経営史学会・関西部会大会2010オルガナイザー　　市川　文彦

【執筆者略歴】（執筆順）

市川　文彦（いちかわ・ふみひこ）　序章・第5章
関西学院大学経済学部教授

早稲田大学商学部卒業（1984年）
大阪大学大学院経済学研究科博士後期課程中退
早大高等学院自転車同好会・元サブリーダー。

脇村　春夫（わきむら・はるお）　第1章
日本高等学校野球連盟最高顧問・前会長
（株）東洋紡元専務

東京大学法学部卒業（1955年）
大阪大学大学院経済学研究科博士後期課程中退
東京大学硬式野球部の所属歴。

廣田　誠（ひろた・まこと）　第2章
大阪大学経済学研究科教授

和歌山大学経済学部卒業（1984年）
大阪大学大学院経済学研究科博士後期課程中退
水泳・剣道歴／プロ野球・格闘技史探索に関心。

田中　彰（たなか・あきら）　第3章
（株）朝日放送編成局プロデューサー

大阪大学経済学部卒業（1993年）
神戸大学大学院経営学研究科博士後期課程在籍
高校・大学漕艇部の所属歴／少年野球・現役トレーニング・コーチ。

澤野　雅彦（さわの・まさひこ）　第4章
北海学園大学経営学部教授

和歌山大学経済学部卒業（1974年）
大阪大学大学院経済学研究科博士後期課程中退
和歌山大学硬式野球部・元主将。

岡部　芳彦（おかべ・よしひこ）　第 6 章
神戸学院大学経済学部准教授

関西学院大学経済学部卒業（1999 年）
大阪大学大学院経済学研究科博士後期課程満期退学
高校・大学馬術部の所属歴（全日本学生馬術大会出場）。

田中　理恵（たなか・りえ）　付録・イラスト
データ解析業務従事

関西学院大学経済学部卒業（2012 年）
関西学院大学大学院経済学研究科博士前期課程修了
中学・高校ランニング・クラブ所属歴、高校同クラブ・元部長。

K.G. りぶれっと No. 38

スポーツの経営史
その多様なアプローチを目指して

2014 年 9 月 10 日　初版第一刷発行

著　者	市川文彦　脇村春夫　廣田誠　田中彰
	澤野雅彦　岡部芳彦　田中理恵
発行者	田中きく代
発行所	関西学院大学出版会
所在地	〒662-0891
	兵庫県西宮市上ケ原一番町 1-155
電　話	0798-53-7002
印　刷	協和印刷株式会社

©2014 Fumihiko Ichikawa, Haruo Wakimura, Makoto Hirota,
Akira Tanaka, Masahiko Sawano, Yoshihiko Okabe, Rie Tanaka
Printed in Japan by Kwansei Gakuin University Press
ISBN 978-4-86283-169-9
乱丁・落丁本はお取り替えいたします。
本書の全部または一部を無断で複写・複製することを禁じます。

関西学院大学出版会「K・G・りぶれっと」発刊のことば

大学はいうまでもなく、時代の申し子である。

その意味で、大学が生き生きとした活力をいつももっていてほしいというのは、大学を構成するもの達だけではなく、広く一般社会の願いである。

研究、対話の成果である大学内の知的活動を広く社会に評価の場を求める行為が、社会へのさまざまなメッセージとなり、大学の活力のおおきな源泉になりうると信じている。

遅まきながら関西学院大学出版会を立ち上げたのもその一助になりたいためである。

ここに、広く学院内外に執筆者を求め、講義、ゼミ、実習その他授業全般に関する補助教材、あるいは現代社会の諸問題を新たな切り口から解剖した論評などを、できるだけ平易に、かつさまざまな形式によって提供する場を設けることにした。

一冊、四万字を目安として発信されたものが、読み手を通して〈教え―学ぶ〉活動を活性化させ、社会の問題提起となり、時に読み手から発信者への反応を受けて、書き手が応答するなど、「知」の活性化の場となることを期待している。

多くの方々が相互行為としての「大学」をめざして、この場に参加されることを願っている。

二〇〇〇年　四月